Paul Chaim Eisenberg

DAS ABC VOM GLÜCK

Jüdische Weisheit für jede Lebenslage

Paul Chaim Eisenberg

Das ABC vom Glück

Jüdische Weisheit für jede Lebenslage

Brandstätter

A

Ainleitung

Jeder Mensch sollte, wenn er Schulden hat, diese früher oder später bezahlen. Das gilt auch für einen Rabbiner. Ich habe bei meinen Leserinnen und Lesern Schulden: Als ich vor ein paar Jahren begann, mein Buch mit dem Titel „Le Chaim – Auf das Leben!“ zu schreiben, da hatte ich einen ganzen Haufen tolle Ideen dafür, die leider ein bisschen wirr waren, weil sie keinerlei Reihenfolge oder Struktur gehorchten.

Damals kam mir der Einfall, dass ich diese Ideen einfach nach dem Alphabet ordnen und zu jedem Buchstaben ein größeres oder kleineres Kapitel machen könnte, je nachdem, wie viel ich dazu zu sagen hätte.

Als sich das Konzept des Buches dann konkretisierte, habe ich diesen Plan jedoch fallen gelassen und es ganz anders gemacht. Wenn Sie genau wissen wollen wie, dann dürfen Sie sich das Buch selbstverständlich gerne kaufen.

Als „Auf das Leben!“ aber vorangekündigt wurde, stand im Katalog des Brandstätter-Verlages: „Oberrabbiner Eisenberg erklärt das Judentum anhand des Alphabets“, weil diese Beschreibung schon gedruckt worden war, als ich diesen Plan noch verfolgte. Das Buch entstand dann ohne Alphabet und wurde doch verkauft.

Als nun vergangenes Jahr mein Verlag die verrückte Idee entwickelte, dass ich noch ein zweites Buch schreiben sollte, habe ich beschlossen, meine Schulden bei jenen Leserinnen und Lesern zu begleichen, die sich aufgrund der Vorankündigung vielleicht schon auf mein ABC gefreut hatten. Und deshalb halten Sie genau das jetzt in Händen – wobei ich Sie bereits jetzt warnen möchte, dass ich es mit der alphabetischen Struktur nicht immer so akademisch genau nehme. Mit Buchstaben ist es wie mit Menschen: Zu manchen fällt einem mehr, zu manchen weniger ein – und manchmal muss man sogar ein bisschen tricksen, damit die Ainleitung zum Beispiel dort stehen kann, wo sie hingehört: am Anfang des Buches.

„Das ABC vom Glück" heißt dieses Buch deshalb, weil ich Sie mit meinem Alphabet nicht belehren, sondern Ihnen ein paar glückliche Lesestunden schenken möchte. Oder sagen wir, ich möchte Ihnen glückliche Stunden schenken, *indem* ich Sie ein wenig belehre. Denn ich bin überzeugt davon, – und das ist eine sehr jüdische Überzeugung – dass das Lernen zu den beglückendsten Dingen im Leben gehört. Davon und von vielem anderen handelt dieses kleine und bewusst unvollständige Kompendium jüdischer Weisheiten für jede Lebenslage.

Es ist zwar nicht meine Hauptaufgabe, ständig das Judentum nach außen hin zu repräsentieren, andererseits habe ich aber auch keine Scheu, das zu tun. Und ab und zu halte ich es für vertretbar, auch außerhalb des religiösen oder spirituellen Rahmens aufzutreten. Ich habe lange Zeit eine eigene Sendung über das

Judentum im ORF (den manche seither als OberRabbinerFernsehen buchstabieren) namens „Schalom“ moderiert. Wenn ein Rabbiner nämlich irgendwo erscheint, wo man ihn überhaupt nicht erwartet – zum Beispiel im öffentlich-rechtlichen Fernsehen – dann hat er die Möglichkeit, Menschen anzusprechen, die er sonst nicht so leicht erreichen würde. Hauptsache, Sie zappen nicht sofort zu einem anderen Kanal. Aber auch das würde ich Ihnen verzeihen.

Die Idee, möglichst viele Menschen zu erreichen und glücklich zu machen, liegt auch dem vorliegenden Buch zugrunde. In diesem Sinne wünsche ich Ihnen viel Vergnügen mit den folgenden 22 Buchstaben – Maseltov!

Aleph Beth

Das griechische und das hebräische ABC sind miteinander verwandt. Im Griechischen heißt das ABC bekanntlich Alphabet, die ersten vier Buchstaben lauten Alpha, Beta, Gamma und Delta.

Im Hebräischen lauten die ersten Buchstaben Aleph, Beth, Gimel und Daleth. Beth spricht man B, Gimel spricht man G, Daleth spricht man D; aber das Aleph ist kein A, sondern ein stummer Buchstabe, der je nach Betonung A, E, I, O oder U ausgesprochen wird.

Jetzt könnte man natürlich darüber streiten, ob die alten Griechen ihr Alphabet von uns gestohlen haben oder umgekehrt. Die Antwort hängt wahrscheinlich davon ab, ob man ein fundamentalistischer Jude oder ein fundamentalistischer Grieche ist (siehe F wie Fundi).

Ein interessanter Unterschied des hebräischen Aleph Beths zu unserem ABC ist jedenfalls, dass bei Letzterem die Buchstaben für sich genommen nichts bedeuten, sondern bloße Laute sind.

Im Hebräischen dagegen ist fast jeder Buchstabe zugleich auch ein Wort. Aleph etwa heißt unter anderem „Sieger“ und „Offizier“. Das Beth wiederum bedeutet im weitesten Sinne „Haus“ und der dritte Buchstabe, Gimel, erinnert frappierend an „Gamal“, das Kamel.

Als ich das einmal einem jungen Schüler, der noch fast nichts über die hebräische Sprache wusste, erklärte, meinte er, dass ihn diese Bildhaftigkeit der Sprache irgendwie ans Chinesische erinnere. Darüber weiß ich nichts, aber in diesem Fall ist die Sache klar: Die Chinesen müssen es von uns gestohlen haben.

Aber zurück zum hebräischen Aleph Beth. In der Kabbala (siehe K wie Kabbala), der jüdischen Mystik, geht es manchmal um Zahlenspiele, und auch da lässt sich mit dem Aleph Beth viel anfangen. Das Wort „Liebe“ heißt auf Hebräisch etwa „Ahawah“. Weist man den Buchstaben, aus denen dieses Wort besteht, jeweils einen Zahlenwert entsprechend der Stelle zu, an der sie im Aleph Beth stehen, und zählt dann zusammen, kommt man für Ahawah auf die Zahl 13. Zweimal 13 ist bekanntlich 26, und das ist wiederum die Quersumme

A

des Namens Gottes, J-H-W-H. Und was schließen die Kabbalisten daraus? Natürlich, dass das Grundprinzip des Lebens die Liebe, und zwar die doppelte Liebe ist: Die Liebe, die wir für Gott empfinden sowie die, die wir von ihm empfangen.

Man kann mithilfe einer kabbalistischen Auslegung des Aleph Beths aber auch beweisen, dass Lügen kurze Beine haben, wie ein Sprichwort sagt. Dafür muss man sich die Form der hebräischen Buchstaben aber etwas genauer anschauen.

Die Wahrheit heißt auf Hebräisch „Emet", auf Hebräisch schreibt man das so:

אמת

Wie man sieht, haben alle drei Buchstaben, aus denen dieses Wort besteht, eine stabile Grundlage. Es könnte jeder davon für sich alleine stehen und würde nicht umfallen.

Und wie schaut es mit „Scheker", der Lüge aus? Die schreibt sich im Hebräischen so:

קשר

Auf der Seite eines Buches fällt natürlich auch dieses Wort nicht um, aber stellen wir es uns einmal dreidimensional vor. Dann kann man leicht einsehen, dass die Lüge auf Hebräisch, wenn schon nicht auf kurzen, dann doch zumindest auf sehr wackeligen Beinen steht.

Ein Zufall? Das würden die Kabbalisten heftig bestreiten und darauf bestehen, dass der Ewige sich etwas dabei gedacht hat, als er das hebräische Aleph Beth schuf.

Wenn wir die Position der drei Buchstaben des Wortes „Em(e)t“ im Alphabet betrachten, so merken wir, dass es sich um den ersten Buchstaben (Aleph), den mittleren Buchstaben (Mem) und den letzten Buchstaben (Taff) handelt. Im übertragenen Sinn ist die Wahrheit also eine ausgewogene Sache.

Dagegen setzt sich das Wort „Scheker“ aus drei der vier letzten Buchstaben im Aleph Beth zusammen.

Was können wir aus dieser Zahlen- und Buchstabenmystik lernen? Wahrheit ist etwas Ausgewogenes, von A bis Z. Man kann und soll sich alles von jeder Richtung anschauen – von rechts, von links, von der Mitte.

Die Lüge dagegen ist asymmetrisch, instabil und einseitig (weil sie sich nur aus den hinteren Buchstaben zusammensetzt). Man kann das alles natürlich als Esoterik und Mystizismus abtun. Aber entscheidend ist doch, so meine ich, was man daraus lernt. Und hieraus lässt sich mitnehmen, dass eine einseitige Betrachtungsweise niemals den Weg zur Wahrheit weisen wird.

B

Beten

Ein Schüler fragte einmal zwei Rabbis, wie es möglich sei, besonders inbrünstig zu beten.

Der eine sagte: „Immer wenn du betest, solltest du dir vorstellen, dass du jetzt zum ersten Mal betest, dann ist dein Gebet immer frisch."

Der andere sagte: „Immer wenn du betest, solltest du dir vorstellen, dass du jetzt zum letzten Mal betest, dann ist dein Gebet immer innig."

Der österreichische Oberrabbiner sagt: „Wie so oft im Judentum haben beide recht." Noch mehr zu diesem Thema lässt sich aus der folgenden Geschichte lernen:

Neben dem Kantor eines jüdischen Bethauses stand in der Synagoge immer ein schwer behindertes Kind. Einer der Betenden nahm das Kind mit in die Synagoge, weil er es nicht alleine lassen konnte.

Beim Rabbiner und der gesamten Gemeinde war der Kantor für seinen besonders innigen und leidenschaftlichen Gesang sehr beliebt. Man bewunderte ihn auch dafür, dass er es dem Kind erlaubte, im Rollstuhl direkt neben ihm zu sitzen, während er vorbetete.

Nach einigen Jahren starb das Kind. In der Folgezeit aber bemerkten die Gemeindemitglieder und der

Rabbiner, dass der Gesang des Kantors nachließ. Er sang zwar nicht falsch, aber mit viel weniger Inbrunst als früher.

Als der Rabbiner den Mann eines Tages darauf ansprach, antwortete dieser: „Mir fehlt die Anwesenheit des kranken Kindes. Wenn es an meiner Seite gesessen ist, hat mich das inspiriert, inniger zu beten."

Das leuchtete den Menschen ein, da „ein gebrochenes Herz nicht immer eine Last, sondern manchmal eine Stütze sein kann".

Was muss man haben, damit ein Bethaus funktioniert? Zunächst sei bemerkt, dass der jüdische Glaube es auch erlaubt, dass ein Mensch alleine betet. Es gab Kabbalisten, die manchmal in einen Wald gegangen sind, dort mit dem Ewigen alleine waren und beteten. Das war aber die Ausnahme. In der Regel haben diese an den Gemeinschaftsgottesdiensten in der Synagoge teilgenommen.

Ein Gemeinschaftsgebet ist eines, an dem mindestens zehn erwachsene Juden teilnehmen. Dort ist einer der Vorbeter – das muss kein Profi sein, denn auch ein einfacher frommer Jude kann vorbeten, wenn er dazu fähig ist und ihn die Gemeinde lässt. Denn der Vorbeter ist eigentlich ein Gesandter der Gemeinde. In kleinen Gemeinden ist es allerdings oft nicht so leicht, jeden Tag zum Früh- und Abendgebet einen sogenannten Minjan von zehn Juden zusammenzurufen.

Da das Wort Synagoge griechisch ist, verwende ich meistens lieber den Begriff „Bethaus" oder „Betstube". Der hebräische Ausdruck „Bet Knesset" bedeutet eigentlich Versammlungshaus, ähnlich wie Synagoge, weil außer dem Gebet auch Gemeindeversammlungen abgehalten werden konnten. Es war sogar üblich (Gott sei Dank heute nicht mehr), dass ein Jude oder eine Jüdin mit einem wichtigen Anliegen den Gottesdienst unterbrechen durfte, um sein beziehungsweise ihr Problem vorzutragen.

Braucht ein Bethaus einen Rabbiner? Antwort: Nein, es genügen zehn erwachsene Juden. Was ein „Bet Knesset" wirklich braucht, ist – einen Schammes!

Der Schammes verteilt Gebetbücher, weist Plätze zu und erledigt viele weitere notwendige Dinge. Wir haben in Wien einen besonders umtriebigen Schammes, der auch Glühbirnen wechseln kann und einen Erste-Hilfe-Koffer hat. Denn gerade am Fasttag des Jom Kippur (siehe J wie Jom Kippur) kann es geschehen, dass jemand sich nicht gut fühlt und Versorgung braucht.

Weil die Betenden oft Gebetbücher aus dem Kasten nehmen, sie dann aber nicht mehr zurücklegen, räumt der Schammes sie nach Ende des Gottesdienstes wieder ein. Mein Schammes hat mir das Geheimnis verraten, woran man erkennt, ob das Gebetbuch von einem Mann oder einer Frau verwendet wurde. Wenn eine Frau darin gebetet hat, dann kann es sein, dass ein Lippenstiftabdruck auf dem Einband erkennbar ist – weil man ein Gebetbuch küsst, bevor man es weglegt.

Es gab einmal ein lustiges Theaterstück unter dem Titel „Der Zehnte Mann", in dem die Probleme einer Synagoge thematisiert wurden. Der Schauspieler, der den Schammes spielen sollte, war der in Wien berühmte Kurt Sowinetz. Er kam zu meinem seligen Vater, Oberrabbiner Akiba Eisenberg, um ihn zu fragen, wie er die Rolle gestalten solle. Dieser riet ihm stattdessen, in die Synagoge zu kommen und den Schammes – Herrn Mordche Krawetz – zu beobachten. Als mein Vater dann zur Premiere kam, war er verblüfft, wie genau Kurt Sowinetz die Bewegungen des Schammes nachahmte!

In alten Zeiten hat der Rabbiner oft neben dem Gebetsraum gewohnt oder vielleicht sollte man umgekehrt sagen, das Bethaus befand sich neben der Wohnung des Rabbiners. Ein berühmter Rebbe war einmal nicht gesund (die Chassidim sagen nicht, dass man „krank" ist, sondern nur „nicht gesund"). Der Arzt hatte ihm geraten, einige Tage nicht in die Synagoge zu gehen, aber der Rabbi wollte doch mit einem Minjan gemeinsam beten und beauftragte seinen Schammes, neun Männer aus seiner Gemeinde (und nicht mehr) in seine Wohnung zu rufen. Der Schammes brachte zum Morgengebet acht Männer in das kleine Zimmer des Rebbe, denn der neunte war der Schammes und der zehnte der Rabbi selbst. Ein junger Mann wollte unbedingt auch noch beim Rabbi beten, er wäre aber Nummer elf gewesen, deshalb stieß ihn der Schammes weg und er fiel auf den Boden.

Als zum Abendgebet der Schammes dieselben Männer wieder ins Zimmer des Rabbi brachte, sagte der Rabbi plötzlich: „Wir können noch nicht beten, denn wir sind nicht zehn!"

Darauf der Schammes: „Es sind doch die gleichen zehn Leute wie heute früh!"

Da antwortete ihm der Rabbi: „Einen Juden, der einen anderen zu Boden stößt, kann man nicht zum Minjan zählen! Bring mir den jungen Mann, den du heute früh nicht hereingelassen hast."

Abschließend ist zu sagen, dass neun Oberrabbiner noch keinen Minjan machen (das Quorum von zehn wird von ihnen nicht erfüllt), aber zehn einfache – vielleicht sogar ungebildete – Juden bilden sehr wohl einen Minjan. Sie sollen sich nur beim Beten nicht durch rüdes Verhalten disqualifizieren. Wir sind in dieser Hinsicht also eine sehr basisdemokratische Religion.

Bibelstunde

Jeden Mittwochabend um 19 Uhr halte ich bei mir zu Hause eine Bibelstunde mit interessierten und wissbegierigen Menschen ab. Bibelstunde ist dafür vielleicht gar nicht der richtige Ausdruck, denn es ist nicht immer nur die Bibel, in der wir lesen. Es ist eine Art Judentumskunde, die ich da einmal pro Woche veranstalte, und zu der Juden, solche, die es werden wollen, aber auch einfach an der Religion interessierte Leute erscheinen.

Ursprünglich wollte ich diese Bibelstunde für Herren und Damen getrennt abhalten: Die Damen am Vormittag, die Herren am Abend. Auch in der

B traditionellen Synagoge sitzen Herren und Damen getrennt (wobei diese Trennung im Reformjudentum nicht eingehalten wird).

Bald habe ich aber festgestellt, dass immer mehr Herren am Abend fernblieben: mit der Begründung, dass sie zu einer Geschäftsreise aufbrechen müssten oder andere wichtige Verpflichtungen hätten, und deshalb nicht kommen könnten. Und manche Damen konnten am Vormittag nicht, weil sie zur Arbeit gehen mussten. Also habe ich die Geschlechtertrennung für den Abend-Schiur (das ist der hebräische Ausdruck für Bibelstunde) aufgehoben: Jetzt kommen am Abend Männer und Frauen, und die Frauen sind mehr als ein vollwertiger Ersatz für die fehlenden Männer.

C

Chassidische Geschichten

Eine sehr bekannte chassidische Geschichte könnte auch als Bühnensketch gespielt werden (zum Beispiel von den berühmten Kabarettisten Farkas und Waldbrunn, Ersterer war übrigens Jude):

Im Stetl waren die Lehrer, die mit den Kindern gelernt haben, keine großen Gelehrten, wurden aber auch Rabbis genannt. Sie wussten wie wir alle einiges, aber natürlich nicht alles. In der Bibel steht an einer Stelle, dass in der Wüste das Manna fällt, und als der Rabbi seinen Schülern davon erzählte, erklärte er auf Hebräisch auch, dass das Manna wie *Zapihit* geschmeckt hatte. Da fragte der Schüler Moischele den Lehrer: „Rebbe, bitte, was heißt denn *Zapihit*?"

Der antwortete ihm: „Schau, ich werde dir das genau erklären. Als die Juden in Ägypten waren, waren sie versklavt, dann hat der Pharao sie herausgelassen, da kamen sie in die Wüste, dort gab es nichts zu essen. Und da hat der Ewige das Manna vom Himmel fallen lassen. Und dort heißt es: Das Manna hat geschmeckt wie *Zapihit* in Honig. Jetzt verstehst du schon, oder?"

Moischele verstand aber nicht.

Also sagte der Rebbe: „Na gut, dann werde ich dir noch mehr erklären: Die Brüder haben den Josef verkauft und Josef kam nach Ägypten und da war eine Hungersnot. Da kamen die anderen Juden und wurden dort versklavt, dann hat der Ewige sie mithilfe von Moses befreit, so kamen sie in die Wüste, dort fiel das Manna und – es hat geschmeckt wie *Zapihit* mit Honig. Aber jetzt verstehst du schon?"

Moischele wurde langsam unruhig: „Nein, ich versteh's nicht! Was heißt *Zapihit*?"

Sagte der Rebbe: „Kein Problem, dann muss ich dir halt noch ein bisschen mehr erklären. Also, es waren Abraham, Isaac und Jakob, und dieser Jakob hatte zwölf Söhne. Einer davon war Josef, und den Josef haben die anderen nicht gemocht " Und er erzählte weiter bis zu dem Punkt, wo das Manna vom Himmel fällt, und erklärte ihm dann noch einmal: „ und als es endlich vom Himmel gefallen ist – da hat es für sie wie *Zapihit* mit Honig geschmeckt. So, jetzt verstehst du es aber?!"

„Nein, ich verstehe es immer noch nicht!", antwortete Moischele.

Jetzt wurde es dem Rebbe schon anstrengend – vor allem, weil er selbst nicht wusste, was das blöde Wort eigentlich bedeutete. Aber er unternahm noch einen Versuch: „Schau, es gab da eine große Sintflut, die nur Noah überlebt hat. Zehn Generationen später kam dann der Abraham, und der wiederum…", und erzählte ihm also noch einmal alles ganz im Detail bis zu der Stelle, wo das Manna vom Himmel fällt. Und am Schluss sagte er, schon leicht genervt: „So, und jetzt verstehst du aber, was *Zapihit* ist!"

„Nein, nein, nein", sagte Moischele, „ich verstehe es immer noch nicht!"

Da begann der Rebbe, ihm von Adam und Eva und der Schöpfung zu erzählen, aber Moischele wollte immer noch mehr wissen.

C

Also sagte der Rebbe: „Du bist ein Ketzer. Du willst ja wissen, was *vor* der Schöpfung gewesen ist!"

Zur Erklärung sollte man noch hinzufügen, dass *Zapihit* „Koreander" bedeutet. Und wenn nicht einmal ich so genau weiß, was das eigentlich für ein Gewürz ist, wie soll es dann ein Rebbe aus einem kleinen Stetl wissen.

Nun erzähle ich Ihnen eine Geschichte, die ich eigentlich nicht erzählen wollte, weil sie manche unappetitlich finden könnten: Einmal kamen die Juden einer Gemeinde am Nachmittag zur Synagoge, um das Nachmittagsgebet zu absolvieren. Sie konnten aber nicht hinein, weil die Türe von innen verschlossen war.

Allerdings stand ein kleines Fensterchen offen, durch das sie immerhin eines ihrer Kinder hineinheben konnten, das dann von innen für sie aufsperren sollte. Wem aber begegneten sie, als das Kind sie hereinließ? Dem Rabbi, der soeben dabei war, das Klo zu reinigen und deshalb von innen zugesperrt hatte. Die Juden fragten den Rabbi, was los sei und warum er denn das Klo putze, anstatt die Synagoge aufzusperren?

Da sagte er ihnen: „Die Kinder haben das Klo verstopft. Der Schammes hat ihnen gedroht, wenn sie es nicht reinigen, dann lässt er sie nicht mehr in die Synagoge. Da sind die Kinder natürlich weggelaufen."

Darauf antwortete einer der Juden dem Rabbi: „Ja, das verstehen wir, aber es ist doch nicht angemessen für einen Rabbiner, da selber in einem verstopften Klo herumzufuhrwerken, und noch dazu, wenn die Synagoge für das Nachmittagsgebet offen sein sollte."

C

Der Rabbi zuckte darauf nur mit den Schultern.

Da kam der Schammes dazu und sagte: „Erst jetzt verstehe ich, warum es im Psalm 24 heißt: ‚Wer kann die höchsten Höhen erklimmen? Der, der ein gutes Herz hat und reine Hände.'"

Während der, der gefragt hatte, verwirrt war, sagte ein anderer: „Ich hab dir doch immer gesagt, dass unser Rabbi ‚reine Hände' hat."

Um besser zu verstehen, was es mit diesen chassidischen Geschichten auf sich hat, muss man vielleicht auch wissen, dass es bei den frommen Juden zwei Hauptvertreter gibt: Die einen sind eben die Chassidim, denen das religiöse Gefühl sehr wichtig ist, die viel singen, zwar fromm, aber auch sehr emotional und oft fröhlich sind.

Die anderen sind die eher rationalen Tora- (siehe T wie Tora) und Talmud-Juden (siehe T wie Talmud), die auf jedes noch so kleine theologische Detail achten. Die nennt man entweder „Litvak", weil diese Richtung in Litauen sehr stark verbreitet war, oder aber man zählt sie zur „Toraworld", das ist der in den USA verbreitete Begriff. Die Talmud-Juden sagen zu den Chassidim: „Wir brauchen den ganzen Firlefanz nicht, Tora und Talmud müssen genügen." Die Chassidim wiederum sagen: „Ihr seid gefühlskalt."

Eines Tages traf sich einer der obersten chassidischen Rabbiner mit einem der Hauptrabbiner der anderen Fraktion. Beide hatten einen Haufen Kinder, aber der Litvak-Rabbi beklagte sich bei seinem chassidischen Kollegen: „Ich versteh das nicht. Du hast sieben Kinder und die sind alle fromm, ich hab auch sieben Kinder – und zwei davon sind total ausgeschert."

Da antwortete ihm der chassidische Rabbi: „Ich weiß schon, warum das passiert ist. Du hast jeden Freitagabend schnell gegessen und bist sofort in die Yeschiwa (siehe Y wie Yeschiwa) zurückgegangen, um zu lernen und zu lehren. Ich aber habe mit meinen Kindern gesungen, gefeiert und ihnen die Schönheit des Judentums vorgelebt – und deshalb sind sie geblieben.

In dieser Geschichte steigen die Chassidim als Gewinner aus, aber darum geht es gar nicht. Ich erzähle sie vor allem deshalb, weil Nichtjuden ja oft glauben, wir Juden wären alle gleich. Dabei halten sich ungefähr 50 Prozent der Juden an fast keine religiösen Vorschriften, nur die andere Hälfte ist mehr oder weniger fromm. Und unter denen gibt es dann noch einmal einen relativ kleinen, orthodoxeren Teil, der sich wiederum in die Chassidim und die Talmud-Juden aufspaltet.

Und bevor jetzt jemand kommt und fragt, wo ich dazugehöre: Ich glaube, ich bin eine Mischung aus allem und kann mit allen, weil ein guter Oberrabbiner mit allen können *muss*.

Zum Schluss dieses Kapitels aber doch noch eine persönliche Anekdote über die Chassidim: Vor 40 Jahren war ich in Jerusalem und habe dort einen gelehrten

Rabbi getroffen, der der Enkel eines berühmten chassidischen Rabbis war. Ich war damals noch nicht verheiratet, und so wurde ich oft bei ihm zum Schabbatmahl (siehe S wie Schabbat) eingeladen.

Dieser Rabbiner war ein ganz großer Erforscher des Chassidismus. Als ich dieses Jahr wieder einmal nach Jerusalem kam, fand ich ein chassidisches Buch, das er geschrieben hatte. Ich hatte längst den Kontakt zu ihm verloren und versuchte über komplizierte Recherchen, ihn wieder zu erreichen. Als ich endlich eine Telefonnummer hatte, rief ich ihn an und fragte: „Bist du Rabbi Kizzis?"

Und er antwortete: „Ja, der bin ich."

„Erinnerst du dich noch an mich? Ich war vor 40 Jahren bei dir so oft am Freitagabend zum Essen eingeladen ..."

Darauf antwortete er: „Nein, da war ich noch nicht auf der Welt. Das war wahrscheinlich mein Großvater, der alte Rabbi Kizzis."

Das erzähle ich nicht nur, weil es sich dabei um eine nette Anekdote handelt, sondern auch, weil daran die Bewahrung der jüdischen Tradition gut erkennbar ist. Schon der Ururgroßvater des heutigen Rabbi Kizzis war ein berühmter chassidischer Gelehrter. Sein Großvater war ebenfalls Rabbi und Erforscher des Chassidismus. Und heute schreibt der Enkel ein bedeutendes Buch über die Chassidim.

D

Dankbarkeit

In der Tora wird das jüdische Volk meist als Kinder Israels (Israel ist der Name des dritten Stammvaters der Juden, der ursprünglich Jakob hieß) bezeichnet. Erst später – aber bereits in der Bibel im Buche Esther – wird der Begriff „Jude“ verwendet.

„Judah“, auf Hebräisch „Jehudah“, war der vierte Sohn des Jakob.

Warum wird dieser Name seit Jahrtausenden zur Benennung des jüdischen Volks gewählt? Um dies zu erklären, müssen wir ein wenig Tora und Hebräisch lernen.

Jakobs Frau Lea war sehr gebärfreudig. Sie wählte immer Namen für ihre Kinder, die auch eine Bedeutung hatten. Als sie ihren vierten Sohn bekam, sagte sie: „Jetzt möchte ich großen Dank an Gott aussprechen.“ „Danke“ heißt im Hebräischen „Todah“ und in einer abgewandelten grammatikalischen Form kommt das Wort „Jehudah“ heraus. Hiermit hat Leah ihren Sohn quasi „Danke“ genannt, und deshalb gehört es zu den wichtigsten Merkmalen der Juden, dass sie besonders dankbar sein sollen.

Obwohl in der Tora viele Stellen in Zusammenhang mit Dankbarkeit, aber auch Undankbarkeit, stehen, wird im Talmud Lea ganz besonders für ihre Dankbarkeit gelobt. Das erklären unsere Kommentatoren wie folgt:

Wenn man sich einmal bedankt, ist das eine schöne Sache, aber das Gefühl der Dankbarkeit ist damit erledigt.

Wenn man aber ein Kind „Danke“ nennt, dann wird man immer, wenn man es sieht, an das Ereignis erinnert, für das man sich bedankt hat.

In der Tora finden sich sehr viele Gebote. Manche sagen, vielleicht zu viele. Aber es gibt in der Tora nirgends die Vorschrift, dass man dankbar sein soll. Vielmehr gibt es die Geschichte von Lea und ähnliche Stellen, aus denen man implizit lernt, dass Dankbarkeit eine ehrenwerte Sache ist.

Als Kontrast dazu möchte ich noch eine Geschichte über die Undankbarkeit erzählen. Interessanterweise war schon der erste Mensch, Adam, undankbar.

Adam und Eva waren ursprünglich im Paradies. Dort war es ihnen erlaubt, von allen Früchten des Gartens zu essen. Nur die Frucht eines einzigen Baumes, des Baumes der Erkenntnis, war ihnen verboten. Durch eine List konnte die Schlange Eva dazu überreden, vom Baum der Erkenntnis zu essen und auch ihrem Mann von der verbotenen Frucht zu geben.

Als der Ewige Adam zur Rede stellte, warum er das einzige Gebot, ähnlich dem Koscher-Gebot (siehe K wie Koscher), gebrochen habe, antwortete Adam mit folgender Ausrede: „Die Frau, die Du, Ewiger, mir gegeben hast, hat mich dazu überredet!“ (Genesis 3, 12).

Hier hat sich Adam undankbar gezeigt.

Man könnte nun sagen, Adam hätte sich nicht auf seine Frau ausreden sollen. Worin aber bestand die Undankbarkeit genau?

Adam begnügte sich nicht damit, seiner Frau die Schuld zuzuschieben, was nicht einmal ganz falsch wäre, sondern er sagte zum Ewigen: Die Frau, die DU mir gegeben hast, hat mich zur Sünde verführt. Also bist eigentlich DU schuld. Adam vergisst dabei vollkommen, dass er ohne Eva unglücklich und einsam war – und dass er Gott viel Dank dafür schuldet, dass dieser ihm eine Partnerin zur Seite gestellt hat.

E

Empathie

Viele der großen Persönlichkeiten aus der Bibel treffen wir im Laufe ihres Lebens als Hirten an. Darunter auch Moses, der viele Jahre als Hirte bei seinem Schwiegervater Jitro tätig war, bevor der Ewige ihm am Dornbusch erschien und ihn beauftragte, die Kinder Israels aus Ägypten herauszuführen. Unsere Weisen erklären, warum Moses die schwere und ehrende Aufgabe erhalten hatte, das jüdische Volk zu befreien:

Moses hütete das Vieh seines Schwiegervaters Jitro. Da lief eines Tages ein junges Böcklein aus der Herde davon. Moses lief ihm nach, um es wieder einzufangen. Das Böcklein lief weiter, Moses folgte ihm. Da kam das Tier plötzlich an einen schattigen Platz, wo es einen Bach gab, blieb stehen und trank. Moses ging zu dem Böcklein, das er eben noch verfolgt hatte, um es einzufangen, und sprach sanft zu ihm: „Ich wusste nicht, dass du weggelaufen bist, weil du Durst hattest und trinken wolltest! Hätte ich das gewusst, dann hätte ich dir zu trinken gegeben. Nun bist du aber müde vom vielen Laufen!“

Und Moses nahm das Böcklein, nachdem es fertig getrunken hatte, sanft auf seine Schultern und trug es zurück zur Herde. Da sprach der Ewige zu Mosche:

„Du hast Erbarmen, wenn du eine Herde von Vieh führst. Dir vertraue ich das Führen meiner Herde, der Kinder Israels an! Und du trägst Sorge für jeden Einzelnen, nicht nur für die Gemeinschaft."

E

Ich glaube, wenn wir Moses Entwicklung vor diesem Ereignis betrachten, können wir etwas Interessantes erkennen. Denn einmal sah Moses, wie ein ägyptischer Aufseher einen jüdischen Arbeiter heftig schlug, und er griff ein. Da könnte man sagen, das ist logisch: Er half seinen eigenen Leuten gegen die bösen Unterdrücker.

Wir finden aber auch eine Geschichte, in der zwei jüdische Männer in Streit gerieten, und Moses einschritt. Hier sehen wir, dass ihm ein Konflikt in der eigenen Gemeinde generell nicht gleichgültig war.

Später treffen wir Moses in Midjan am Brunnen, wo er den Töchtern Jitros hilft, Zugang zum Brunnen zu bekommen, um ihre Tiere zu tränken. Hier hilft Moses Menschen, die er bisher noch gar nicht kannte und die zu einem anderen Volk gehörten. Das macht einen Unterschied! Es ist naheliegend, sich um Verwandte, Freunde oder Mitglieder der eigenen Gemeinde Sorgen zu machen. Wildfremden Menschen zu helfen, ist jedoch ein größerer Schritt.

Und zuletzt – in der Geschichte mit dem Böcklein – kümmerte sich Moses sogar um das Wohl eines Tieres.

F

Freude

Es gibt eine sehr interessante talmudische Geschichte, die den besonderen Wert der Freude im Judentum verdeutlicht.

Der Prophet Eliahu war in biblischen Zeiten eine sehr wichtige Persönlichkeit. Von ihm heißt es unter anderem, dass er eines Tages wiederkommen werde, um den Messias anzukündigen. Natürlich war Eliahu auch ein besonders kluger Mensch, dem man selbst solche Fragen stellen konnte, auf die andere Menschen keine Antwort wussten.

So eine Frage stellte einmal ein Rabbiner an Eliahu – aber auch nicht irgendein Rabbiner, sondern ein sehr besonderer, was allein daraus ersichtlich ist, dass der Prophet Eliahu mit ihm spazieren ging und plauderte.

Als sie gerade darüber sprachen, dass besonders verdienstvolle Menschen in den Himmel kommen, kamen sie auf einen Markt mit vielen Menschen. Da fragte der Rabbiner den Propheten Eliahu: „Gibt es hier am Markt irgendwelche Menschen, die in den Himmel kommen werden?"

Der Prophet schaute sich eine Weile um, sah dann zwei Männer und sagte: „Ja, die beiden da drüben, die kommen sicher in den Himmel."

Da war der Rabbiner natürlich sehr interessiert daran, die beiden kennenzulernen, um herauszufinden, was sie so verdienstvoll machte. Also sprach er sie an und fragte sie nach ihrem Beruf.

„Wir sind Spaßmacher", antwortete einer der beiden dem Rabbiner. „Wir gehen herum, und wenn wir sehen, dass irgendjemand traurig ist, gehen wir hin und heitern ihn auf."

Hier lehrt uns der Talmud, dass Menschen aufzuheitern ein großes Verdienst ist, für das man sogar in den Himmel kommen kann.

Und vielleicht ist in dieser Geschichte bereits der Grundstein dafür gelegt, dass der Humor im Judentum eine so große Rolle spielt und es noch heutzutage sehr viele jüdische Comedians gibt.

Aber es gibt auch Leute, die keinen Humor haben. Ihnen begegnen wir im nächsten Kapitel.

Fundi

Bei uns Juden ist es oft so, dass Leute von Generation zu Generation in ihrer Frömmigkeit nachlassen. Das heißt, wenn der Urgroßvater noch ein ganz Frommer war, der alle Details des Schabbat-Gebotes eingehalten hat und nie etwas Nicht-Koscheres in seinen Mund kommen ließ, der Großvater immer noch sehr observant, der Vater aber schon etwas weniger, dann ist es recht wahrscheinlich, dass es der Sohn mit den religiösen Geboten nicht mehr ganz so genau nimmt.

Es gibt aber auch die umgekehrte Tendenz: In einem jüdischen Haushalt, in dem sich die Eltern an gar keine religiösen Vorschriften mehr halten, erwacht manchmal in den Kindern die Frömmigkeit als Suche nach ihren Wurzeln. Vielleicht sind sie einmal am Schabbat bei einer religiöseren Familie eingeladen gewesen oder sie treffen jemanden, der religiöses Judentum glaubwürdig lebt. Dann ist es nicht selten, dass diese Kinder aus eigentlich schon fast säkularen Familien sehr fromm werden.

Als Rabbiner könnte ich mich darüber natürlich einfach freuen, aber: Diese wiederentdeckte Frömmigkeit bringt auch ein großes Problem mit sich. Denn bekanntlich lautet eines der Zehn Gebote, das sich in der Tora findet: „Du sollst Vater und Mutter ehren."

Dieses Gebot kommt den frommen Kindern aus nicht mehr religiösen Familien nun in die Quere. Denn der Schabbat wie auch alle hohen Feiertage werden bei uns Juden ja in erster Linie im Familienkreis gefeiert. Was aber, wenn die Eltern zum Beispiel gar nicht mehr koscher essen und das Ruhegebot am Schabbat nicht einhalten? Ein Nebeneinander von koscher und nicht-koscher ist in einem Haushalt kaum möglich. Sollen die fromm gewordenen, erwachsenen Kinder in diesem Fall also Vater und Mutter ehren, indem sie den Schabbat mit ihnen verbringen, auch wenn diese sich nicht an die Gebote halten? Oder sollen sie ihre Eltern am Schabbat nicht mehr besuchen und für sich alleine feiern?

Ich meine dazu: Jeder Rabbiner, der Verstand hat, wird sagen, dass die Kinder ihre Eltern am Schabbat selbstverständlich trotzdem besuchen und ihnen gegenüber tolerant sein sollen. Aber es gibt natürlich Fundis, die wirklich dafür sind, dass die Kinder unter diesen Umständen den Kontakt zu ihren Eltern reduzieren sollen. Obwohl gerade das, wie eben beschrieben, gegen ein ganz wichtiges Gebot verstößt. Solche Fundis glauben übrigens oft, dass sie mehr vom Judentum wissen als jeder Rabbiner. Sie haben einen fast missionarischen Eifer, der zu uns Juden eigentlich überhaupt nicht passt.

Was im Judentum aber erlaubt und sogar gefördert wird, ist das Rückführen von Juden, die das Judentum verlassen haben. Das meist verwendete Wort dafür ist „Kiruv". Das heißt „nähern". Das kann auch innerhalb einer Familie geschehen, und davon erzählt die folgende Geschichte auf unterhaltsame Art:

Eine alte jüdische Frau aus New York fuhr jeden Winter, weil es ihr zu kalt war, irgendwohin in den Süden. Sie ging immer ins gleiche Reisebüro, wo sie gute Ratschläge erhielt und ihre Reisen organisiert wurden.

Einmal kam Frau Edelstein in das Büro und sagte: „Dieses Jahr möchte ich selbst entscheiden, wohin ich fahre. Ich möchte, dass Sie mir eine Reise nach Puna in Indien organisieren. Dort, wo die meisten Gurus sind."

Der Travel Agent versuchte sie zu überreden, nicht dorthin zu fahren, und sagte: „Für Sie, Frau Edelstein, ist es doch besser, wenn Sie nach Miami oder Eilat in Israel fahren."

Sie aber bestand darauf, buchte die Reise, kam tatsächlich nach einigen Tagen in Indien an und fragte dort, wo es nach Puna gehe.

Auch in Indien wollte man sie davon überzeugen, dass Puna nichts für eine ältere jüdische Dame sei, aber sie kam schließlich trotzdem dort an. In Puna gab es zwar nicht so elegante Hotels wie in Amerika, aber Frau Edelstein fand dennoch eines, das halbwegs bewohnbar war. Bald darauf ging sie spazieren und sah einen jungen Mann, der in orangefarbene Tücher gewickelt war. Sie ging zu ihm hin und fragte ihn, wie man hier zum Guru Mosama gelangen könnte.

„Was wollen Sie denn dort?“, antwortete der Mann.

„Ich möchte mit dem Guru sprechen.“

„Liebe Frau, das ist nichts für Sie“, sagte der orange Eingewickelte.

„Warum nicht?“, fragte sie.

Darauf erklärte er Frau Edelstein: „Um zum Guru zu gehen, muss man sich eine ganze Woche vorbereiten. Jeden Tag in der Früh und am Abend muss man im Fluss Ganges eintauchen. Am siebten Tag müssen dann alle Haare an Kopf und Körper rasiert werden, danach wird man mit heiligem Öl gesalbt und muss danach in einer langen Reihe warten, bis der Guru einen empfängt. Und was besonders wichtig ist: Wenn man bei ihm vorgelassen wird, muss man sich tief vor ihm verbeugen und darf nur drei Wörter sagen. Also überlegen Sie sich lieber noch ein wenig, ob Sie sich das wirklich antun wollen.“

Frau Edelstein aber bestand auf ihrem Plan und suchte jemanden, der ihr bei den Vorbereitungen helfen konnte. Und wirklich: Am siebten Tag stand sie in orange Tücher gehüllt, gewaschen, gesalbt und vollständig rasiert vor dem Eingang zu Mosamas Domizil. Als sich die Türe öffnete, erinnerte sie ein Jünger des Gurus noch einmal streng: „Nicht vergessen: nur drei Worte!“

Tief beeindruckt trat Frau Edelstein vor den Guru und sprach nur drei Worte: „Moshe, come home!“

Die alte jüdische Dame hatte die Strapazen der Indienreise auf sich genommen, weil ihr Sohn sich nicht nur entfernt, sondern einen anderen Glauben angenommen hatte. Sie glaubte, dass die jüdische Mame ihn vielleicht zurückbringen könnte.

Übrigens kann man aus dem jüdischen Glauben nicht wirklich austreten. Auch derjenige, der sich entfernt hat, hat nach kabbalistischem Glauben tief im Herzen noch einen Funken, der zwar kaum erkennbar ist, durch richtige Behandlung und Pflege jedoch wieder aufleuchten kann.

Auf diesen kleinen Punkt, diese kleine Flamme vertraute die alte Jüdin und versuchte, den Glauben wieder zu entzünden.

Eine andere Methode für den Kiruv ist die Einladung zu einem gemeinsam verbrachten Schabbes, wo gesungen und miteinander gesprochen wird und man auf einmal bemerken kann, wie herrlich es ist, einmal in der Woche ohne Handy zusammen bei Tisch zu sitzen.

Jetzt treten aber ausgerechnet wieder die Fundis auf den Plan und sagen: „Moment! Kommen die, die da eingeladen werden, vielleicht mit dem Auto, obwohl das gegen die Schabbes-Regeln verstößt? Wenn ja, dann darfst du sie als frommer Jude nicht zu dir einladen!“

Denn sie sind der Meinung, dass ein Jude einem anderen Juden keinen Anlass dafür bieten darf, den Schabbat zu brechen – auch wenn der andere gar nicht fromm ist und es sowieso getan hätte.

Die ganz Liberalen sagen im Gegensatz dazu: „Who cares was die vorher oder nachher machen? Es könnte sein, dass dieser Schabbat dazu führt, dass dein Gast ab jetzt selber Schabbat halten wird.“

Aber gibt es nicht auch einen Mittelweg? Ich glaube schon. Er bestünde darin, die Gäste zu sich einzuladen und ihnen nach dem Abendessen eine Übernachtungsmöglichkeit anzubieten, damit sie nicht mit dem Auto zurückfahren müssen und so den Schabbat nicht brechen. Sagen deine Gäste Nein, dann hast du es wenigstens versucht. Einladen würde ich die Leute aber auch in diesem Fall, denn ich bin inzwischen in Pension und muss kein Vorbild mehr sein.

Außerdem glaube ich, und das ist das stärkste Argument gegen die Fundis, dass das Leben im Zweifelsfall immer vorgeht. Auch dazu gibt es eine Geschichte: Wenn auf jemanden am Schabbat ein schwerer Stein fällt, dann sollten wir den Stein wegheben und ihm helfen, auch wenn wir damit den Schabbat brechen. Denn damit geben wir dem Menschen, den wir retten, Gelegenheit, viele weitere Schabbate zu feiern.

G

Genesis

In der biblischen Schöpfungsgeschichte wird bekanntlich von einem Menschenpaar namens Adam und Eva gesprochen. Eva, so lehrt uns die Bibel, wurde aus einer Rippe ihres Mannes Adam für ihn geschaffen. Ich verwende hier den deutschen Namen Eva, obwohl sie in der hebräischen Bibel Chava heißt, was bedeutet: Die Mutter aller Menschen.

Es gibt eine sehr schöne talmudische Erklärung dazu, warum sie gerade aus Adams Rippe geschaffen wurde. Wäre Eva nämlich aus Adams Augen geschaffen worden, dann würde sie dauernd nur herumspähen; wäre sie aus Adams Mund geschaffen worden, dann würde sie ohne Pause reden; wäre sie aus seinen Füßen geschaffen worden, dann würde sie ständig herumlaufen; und wäre sie aus seinen Händen geschaffen worden, dann würde sie sich ständig Dinge aneignen, die ihr nicht gehören. Die Rippe verfügt über keine so dominante Eigenschaft, außer vielleicht, dass sie den Körper stützt und zugleich schützt – was in einer Ehe ja vielleicht nicht die schlechtesten Eigenschaften sind.

Eines ist jedenfalls sicher, nämlich dass Gott ein ziemlich toller Arzt gewesen sein muss. Denn zunächst einmal war er Anästhesist und hat Adam so perfekt eingeschläfert, dass er ihm die Rippe entnehmen konnte. Dann hat er die Operation fachmännisch durchgeführt und den Patienten anschließend wieder zugenäht, ohne dass Adam später unter Schmerzen gelitten hätte. Schließlich hat der Ewige Adam seine Eva übergeben, die schon nicht mehr aussah wie die blutige Rippe, die sie doch gerade noch gewesen war, sondern eine schöne Frau geworden war.

Übrigens heißt es in der Bibel, dass vor der Erschaffung Evas noch alle Tiere an Adam vorbeiflaniert sind und er sich einen passenden Gefährten daraus aussuchen wollte. Ein provokanter Rabbi aus talmudischen Zeiten hat diese Passage so gedeutet, dass Adam mit all diesen Tieren den Akt der körperlichen Liebe versucht, dabei aber nicht den richtigen Partner gefunden hat. Daher schuf ihm der Ewige eine Frau, die deshalb so genau passte, weil sie „Fleisch von seinem Fleisch" war.

Das hebräische Wort, das hier für „passenden Partner" verwendet wird, könnte aber auch noch etwas anderes, nämlich „entgegenstehender Partner" bedeuten. Das würde dann heißen, dass Adam einen Partner beziehungsweise eine Partnerin brauchte, der oder die nicht nur zu ihm passte, sondern ihm sozusagen auch Paroli bieten, ihm also entgegenwirken konnte.

Nun fragen die alte Rabbiner: „Aber wieso? Die Frau soll doch keine Gegenspielerin des Mannes sein, sondern eine Gefährtin, die mit ihm gemeinsam wirkt?"

Aber weil die Rabbiner immer schon die Antwort kennen, bevor sie eine Frage stellen, sagen sie gleich schnell und klug: „Wenn ein Mensch keinen Partner, keine Partnerin hat, der oder die auch Widerpart sein kann, dann würde er manchmal Dinge tun, die nicht gut und nicht richtig wären." Um dies auszugleichen, haben Adam und alle Männer nach ihm Frauen bekommen, die ihnen, wenn es notwendig ist, auch widersprechen. Aber natürlich nicht dauernd, denn dauernd wäre schlecht.

6

Bei mir ist es immer so: Wenn ich im Begriff bin, etwas Falsches zu tun, dann redet meine Frau dagegen und hindert mich daran. Dass sie Recht hat und nicht ich, versteht sich von selbst.

Nun ist es wissenschaftlich natürlich schwer haltbar, dass die ganze Menschheit wirklich von einem einzigen, ersten Menschenpaar abstammt. Aber man könnte es sich so vorstellen: Gott schafft ja alle Menschen, ist also bei jedem Schöpfungsakt ein wenig dabei, und benützt dabei etwas, worüber wir Menschen nicht verfügen.

Ein Münzmacher etwa hat eine Prägevorlage, mit der er die Münzen prägt, und so werden alle Münzen, die damit geprägt werden, gleich. Auch Gott hat eine Prägevorlage, aber aus dieser vermag nur er die verschiedensten Menschen zu schaffen, Männer, Frauen und Angehörige der verschiedensten Ethnien.

Trotzdem taucht natürlich immer wieder die Frage auf: Wie haben Adam und Eva ausgesehen? Waren sie weiß, schwarz, asiatisch, indigen oder doch ganz anders?

Darauf antwortete ein weiser Rabbiner in folgender Weise: „Es geht überhaupt nicht darum, wie, wann und mit welcher Hautfarbe ein Mensch erschaffen wurde. Es geht darum, dass alle Menschen auf der Erde von einem Menschenpaar abstammen, was uns verdeutlicht, dass niemand das Recht hat, seine eigenen Vorfahren gegenüber den Vorfahren eines anderen als überlegen zu betrachten. Denn die Urahnen von uns allen sind Adam und Eva, und so sind wir alle gleichwertig.

H

Heiraten

Eine besonders wichtige Aufgabe im Leben der jüdischen Gemeinschaft ist es, junge Männer mit jungen Frauen bekanntzumachen und dafür zu sorgen, dass Ehen geschlossen werden. Es gibt sogar Leute, die von dieser „Schidduch“ genannten Tätigkeit leben, diese nennt man „Schadchen“.

Wer aber war der erste Schadchen? Der erste Heiratsvermittler war der liebe Gott, weil er Adam und Eva zusammengebracht hat. Man könnte sagen, dass das keine große Kunst war, da es damals nur einen Mann und eine Frau gab. Aber die Tätigkeit Gottes war ein Wunder. Er suchte für Adam eine Partnerin, als es noch überhaupt keine Frau gab! Er fertigte Eva sogar so genau für Adam an, dass er sie als Fleisch von seinem Fleisch aus dessen Rippe formte.

Im Talmud findet sich dazu folgende Geschichte: Eine reiche Frau, die sehr viele Mägde und Knechte hatte, kam zu einem Rabbi und fragte: „Was macht der liebe Gott eigentlich, seit er die Welt erschaffen hat? Dafür hat er ja nur sechs Tage gebraucht, am siebten Tag war Schabbat, aber was macht er seither?“

Der Rabbi dachte kurz nach und antwortete dann, dass der liebe Gott seither für jeden Menschen einen Partner sucht – und meistens auch findet.

Das brachte die reiche Frau zum Lachen: „Was, das ist alles? Das kann ich aber auch."

Die Frau hatte eine riesige Villa mit 40 Zimmern sowie 40 Dienern und 40 Dienerinnen. Also probierte sie es gleich aus, stellte 40 Paare aus ihrer Dienerschaft zusammen und sperrte sie in der folgenden Nacht in die 40 Zimmer ein.

„Morgen bringe ich Ihnen 40 Paare", sagte sie triumphierend zum Rabbiner.

Aber als sie am nächsten Tag in der Früh nach und nach die Zimmer aufsperrte, erlebte sie eine Überraschung: Aus der einen Hälfte der Zimmer kamen die Mädchen kreischend herausgestürzt und riefen, dass sie den Mann, mit dem sie eingesperrt worden waren, nie wieder sehen wollten. Aus der anderen Hälfte der Zimmer taumelten Männer mit blauen Augen und zerkratzten Gesichtern und suchten rasch das Weite.

Da ging die reiche Dame zurück zum Rabbiner und sagte: „Jetzt habe ich verstanden, warum es für diese Aufgabe den lieben Gott braucht."

Auch die Schadchanim (Mehrzahl von Schadchen) sind also in ihrer Arbeit auf die Hilfe des lieben Gottes angewiesen.

Es gibt auch weibliche Ehevermittler. Oft sind es Frauen von Rabbinern, die viele jüdische Familien kennen und einen guten Überblick haben, wer zu wem passen könnte. Da geht es um die äußeren Bedingungen: In welcher Familie wird wie Schabbat gehalten, welche Familie ist wie fromm und geht in welche Synagoge oder ist Anhänger eines bestimmten Rabbis. Wenn diese äußeren Bedingungen passen, dann ist das ein erster Schritt. Die inneren Bedingungen aber kann nur der liebe Gott stiften.

Ökonomisch müssen die jungen Leute übrigens nicht immer aus denselben Verhältnissen stammen, das ist weniger wichtig als die religiöse Übereinstimmung. Manchmal wollen reiche Familien für ihre Tochter zum Beispiel keinen reichen, sondern lieber einen besonders gebildeten Schwiegersohn, der viel Tora lernt. Geld haben sie selbst, aber mit dem Schwiegersohn kann der Vater dann in der Synagoge protzen.

H

Ein solcher reicher Vater kam einmal in eine Yeschiwa und sagte, er suche einen ganz besonders tollen und gebildeten Burschen, den er gerne mit seiner Tochter verheiraten würde. „Er muss wirklich etwas ganz Besonderes sein, denn ich habe nur eine einzige Tochter."

Darauf antwortete der Leiter der Yeschiwa: „Die 50 Burschen, die hier studieren, sind alle meine einzigen Söhne."

Ein anderer Vater, der einen Bräutigam für seine Tochter suchte, war selbst ein großer Tora-Gelehrter und sagte einem Rabbi, dieser solle ihm seine fünf besten Schüler schicken. Er werde jedem von ihnen eine schwierige Frage stellen und wer sie beantworten könne, solle seine Tochter zur Frau bekommen.

Der Rabbi schickte ihm die fünf besten Schüler, der Gelehrte stellte ihnen die Frage – und keiner wusste die Antwort. Am nächsten Tag verließ der Gelehrte das Städtchen daher wieder und sagte zum Rabbiner: „Ich habe nicht gefunden, was ich gesucht habe. Auf Wiedersehen."

Als er aber schon losgefahren war, lief ihm einer der Burschen plötzlich nach und holte ihn ein – was möglich war, weil er mit einer Kutsche fuhr (wäre es ein Auto, dann wären wir in einem Film mit Tom Cruise). Der Gelehrte stoppte die Kutsche und sagte zu dem Burschen: „Na endlich, weißt du die Antwort?"

„Nein", schnaufte der Schüler, „aber es stört mich, dass ich das Rätsel nicht lösen kann. Ich möchte, dass Sie mir die Antwort sagen."

Darauf half ihm der Gelehrte in die Kutsche und sagte: „Du bist mein Schwiegersohn."

Auf Jiddisch würde man sagen, der junge Mann hatte ein „Brenn" fürs Tora-Lernen.

Einmal arbeiteten zwei Schadchanim zusammen, von denen jeder eine Familie sehr gut kannte. Sie verglichen die Sprösslinge und ihre Herkunft miteinander: Fromme Familie – fromme Familie; essen koscher – essen ebenfalls koscher; Anhänger eines bestimmten Rabbis – Anhänger desselben Rabbis!

Also eigentlich eine perfekte Übereinstimmung, zumal die Kinder auch im selben Alter waren. Nur eines hatten sie übersehen: Es stellte sich heraus, dass es zwei Mädchen waren.

Fast jedem Leser und jeder Leserin ist wohl die biblische Geschichte vom König Salomon bekannt, der mit seinem „salomonischen Urteil“ ein Baby, um das zwei Frauen stritten, jener zusprach, die es nicht in zwei Teile zerreißen lassen wollte.

Darauf baut eine sehr schöne Schidduch-Geschichte auf: Zwei befreundete Familien hatten jeweils eine Tochter. Der Schadchen fand für diese beiden Frauen zwei junge Männer. Als Fahrgemeinschaft kamen die beiden aus einer nahe gelegenen Stadt in die Heimatstadt ihrer beiden zukünftigen Bräute.

Nur leider: Auf der Reise starb einer der beiden jungen Männer überraschend. Als der andere ankam, stritten die Familien der Mädchen darüber, welche von ihnen ihren zukünftigen Schwiegersohn verloren hatte und wem der noch lebende gehörte.

Da auch der Rabbiner diesen Streit nicht entscheiden konnte, erinnerte er sich an das salomonische Urteil und sagte: „Wir werden das so machen: Wir teilen den noch lebenden jungen Mann einfach und jeder bekommt eine Hälfte.“

„Ja, so machen wir es!“, rief daraufhin die eine Mutter begeistert, während die andere sagte: „Nein, das ist zu grausam. Bevor wir ihn auseinanderschneiden, soll ihn lieber die andere zum Schwiegersohn bekommen.“

In der salomonischen Geschichte hätte sie damit genau das Richtige gesagt und den Zuschlag bekommen. Aber bei Schwiegermüttern ist das etwas anders: Der Rabbi sprach den jungen Mann der Frau zu, die ihn notfalls auch auseinanderschneiden wollte, denn sie hatte sich als echte Schwiegermutter erwiesen.

Das ist ein gemeiner Witz, weil er den Schwiegermüttern böse Eigenschaften unterstellt, aber er ist so gut, dass ich ihn uns trotzdem erlaubt habe.

Im Talmud steht übrigens, dass man eine Frau nicht heiraten darf, wenn man sie vorher nicht gesehen hat. Das mag heutzutage selbstverständlich klingen, aber bei gestifteten Ehen könnte es natürlich vorkommen, dass die Brautleute einander erst bei der Trauung begegnen.

Der Talmud begründet das aber auch: Der Mann muss die Frau vor der Trauung gesehen haben, weil es sonst ja sein könnte, dass sie ihm später nicht gefällt. Und dann könnte er das Gebot „Liebe deinen Nächsten wie dich selbst“ nicht einhalten, denn dieses Gebot gilt sogar für die eigene Frau.

Bei den Fundis gibt es allerdings die Regel, dass Mann und Frau sich vor der Hochzeit zwar einige wenige Male, aber nicht zu oft sehen sollen. Vor allem, nachdem sie verlobt sind, sollen sie bis zur Hochzeit Abstand voneinander halten.

Bei seinem ersten Treffen soll das zukünftige Paar allerdings sehr wohl darüber sprechen, wie es sich die Zukunft vorstellt, um herauszufinden, ob die Erwartungen überhaupt miteinander kompatibel sind. Und dabei gibt es aus religiöser Sicht ein kleines Problem: Streng genommen dürfen ein Mann und eine Frau nämlich nicht alleine miteinander in einem Zimmer sein, sofern sie noch nicht verheiratet sind. Wo sollen sich die jungen Leute dann aber treffen, um in Ruhe über ihre Zukunft zu reden?

In Israel hat man dafür eine geschickte Lösung gefunden: Die Lobbys von koscheren Hotels haben sich als beliebtester Treffpunkt für ein solches Kennenlernen etabliert. Denn dort ist genug Platz, um zu zweit und dabei doch nicht allein zu sein.

Kommt man als Gast in so ein Hotel, ist es sehr lustig, die unterschiedlichen Stufen von Beziehungen an einem Ort versammelt zu sehen: Da sitzen zwei bei ihrem ersten Kennenlernen, die da drüben sind schon frisch vermählt, und einen Tisch weiter spielen schon die Kinder Fangerl.

Der Rabbiner, der die Ehe schließt, hat übrigens einen eigenen Namen, er wird „Ehe-Kontrollor“ genannt. Denn unter der Chuppa, dem Baldachin, unter dem jüdische Hochzeiten stattfinden, haben verschiedene Dinge zu stimmen, da muss der Rabbiner die Ordnung bewahren und Anweisungen geben, was wann zu geschehen hat.

In letzter Zeit laufen aber die Filmer und Kameraleute dem Rabbiner diesen Rang immer mehr ab. Denn sie sind es jetzt, die sagen: „Beweg dich ein bisschen … ich kann deinen Vater nicht ins Bild bringen … stell dich mehr nach rechts … dreh dich jetzt nicht um!“

Die meisten Familien engagieren dafür ja spezielle Fotografen mit viel Erfahrung. Wenn ich eine Ehe schließe, und einer von denen die Kontrolle übernimmt, sage ich immer zu ihm: „Wir können das morgen aber schon auf CNN sehen?“

Interessant ist auch, dass sich die jüdischen Ehebräuche ursprünglich von einer Ehe ableiten, die in der Bibel beschrieben wird, und nicht von Bräuchen, die vorgeschrieben sind.

Jakob wollte damals Rachel, die Tochter von Lawan, heiraten. Rachel hatte aber eine ältere Schwester namens Lea, und Lawan wollte zuerst seine ältere Tochter unter die Haube bringen. Ausgemacht war natürlich, dass Jakob unter der Chuppa Rachel trifft, die aber, wie es damals Brauch war, komplett verschleiert erschien. So bemerkte Jakob nicht, dass es eigentlich ihre Schwester Lea war, die er heiratete. Und er bemerkte es sogar in der Hochzeitsnacht nicht.

Wegen dieser Geschichte gibt es heute immer noch Schleier bei jüdischen Hochzeiten – aber nicht, um die Männer irrezuführen, im Gegenteil. Die Braut erscheint unverschleiert und der Bräutigam breitet dann unter der Chuppa den Schleier über sie. Dieser Brauch ist deshalb entstanden, damit sich das Paar vor der Vermählung einmal anschauen kann, um zu überprüfen, ob eh die beiden Richtigen erschienen sind.

Übrigens steht im Talmud, dass ein Ehepaar zu stiften so schwer ist, wie das Rote Meer zu spalten. Ob das stimmt, weiß ich nicht, aber ich möchte zum Abschluss dieses Kapitels gerne erzählen, wieso ich glaube, dass auch meine Ehe vom ersten Schadchen, also vom Ewigen gestiftet worden ist.

Ich habe in Israel in einer Yeschiwa studiert, und da ist man nicht jeden Tag nach Hause gefahren. Aber zu Beginn des jüdischen Jahres, nach dem Neujahrsfest und nach Jom Kippur, hatte man frei und konnte zwei, drei Wochen nach Hause fahren. Einmal bin ich nach dem Laubhüttenfest von einem dieser Heimurlaube wieder nach Jerusalem zurückgekehrt und am Flughafen gelandet, der heute Ben Gurion heißt. Von dort konnte man entweder mit dem Bus oder mit dem Taxi in die Stadt fahren – und dann gab es noch eine dritte Möglichkeit, nämlich ein Gemeinschaftstaxi für sieben, acht Leute.

Um im Vergleich zu einem normalen Taxi, das im Hebräischen „Privat-Taxi“ heißt, ein bisschen Geld zu sparen, nahm ich damals dieses Gemeinschaftstaxi. Das wäre nicht weiter berichtenswert, hätte dies nicht etwas später noch eine große Bedeutung für mein Leben bekommen.

Ein paar Wochen darauf nämlich, im Dezember, kam das Hanukkah-Fest. Anlässlich dieses Festes gab es eine Studenten-Party, bei der viele junge Leute zusammengekommen waren, viele religiöse Mädchen und Jungen, aber natürlich keine Fundis, denn die gehen prinzipiell nicht auf gemischtgeschlechtliche Partys.

Auf dieser Party lernte ich eine junge Frau kennen, mit der ich mich gut verstand. Wir plauderten miteinander, fanden dabei ein wenig Gefallen aneinander und trafen einander ein paar Mal.

Das Mädchen war Amerikanerin und bei einem unserer Treffen fragte sie mich: „Warst du über die Feiertage bei deinen Eltern?“

„Natürlich.“

„Wann bist du angekommen?“

„Gleich nach den Feiertagen bin ich zum Flughafen und nach Jerusalem", antwortete ich.

„Bist du in einem Gemeinschaftstaxi gefahren?", fragte sie weiter. Und als ich das bejahte, wollte sie wissen, an welchem Tag das gewesen war.

Das wusste ich nicht mehr. Aber ich konnte in meinem Pass nachschauen, in dem sich der Stempel vom Tag der Einreise befand.

Auch sie schaute in ihrem Pass nach und es stellte sich heraus, dass wir am selben Tag aus den Ferien zurückgekommen waren. Wir verglichen dann auch noch die Uhrzeiten unserer Flüge und auch die passten zusammen. Schließlich stellten wir fest, dass wir uns beide daran erinnern konnten, dass unser Gemeinschaftstaxi mehrere Umwege gemacht hatte, weil der Fahrer sich beim Absetzen der Passagiere in Jerusalem öfters verfahren hatte.

Wir waren also offensichtlich im selben Taxi gesessen.

Die junge Dame erzählte mir dann noch, dass ihr auf dieser Fahrt ein Deutsch sprechender junger Mann aufgefallen war (im Gemeinschaftstaxi befand sich nämlich noch eine Wiener Jüdin, mit der ich Deutsch geredet hatte). Ihre Eltern waren aus Deutschland geflüchtet und den Nazis nur knapp entkommen, und als sie mich im Gemeinschaftstaxi Deutsch hatte reden hören, hatte sie sich gefragt, wieso es überhaupt noch Juden gab, die Deutsch sprachen.

Aber auch ich konnte mich an ein Mädchen von dieser Taxifahrt erinnern. Sie war mit ihrer Schwester ganz vorne im Taxi gesessen und hatte eine Stunde lang, die gesamte Fahrt vom Flughafen bis in die Stadt, durchgeredet.

Wir konnten uns also beide aneinander erinnern, obwohl wir uns bei dieser Fahrt nicht kennen gelernt hatten. Das betrachteten wir als Zeichen, dass der liebe Gott wollte, dass wir einander trafen. Denn wer sonst hätte die Macht, es einzurichten, dass wir – aus zwei ganz unterschiedlichen Ecken der Welt kommend – im gleichen Taxi nach Jerusalem saßen? Da es auf der Taxifahrt mit dem Kennenlernen nicht geklappt hatte, gab der Ewige uns eine zweite Gelegenheit.

Wir haben den Wink verstanden, sind miteinander ausgegangen und ein Paar geworden. Die erste Chance hatten wir nicht genutzt, aber zum Glück hat der Ewige uns auf der Hanukkah-Party eine zweite gegeben. Diese Geschichte, wie der erste Schadchen meine Ehe gestiftet hat, ist schon etwas ganz Besonderes.

I

Influencer

Eine talmudische Geschichte über Influencer: Der Talmud sagt, ein Mensch wird erschaffen durch drei Partner: Vater und Mutter, die ihm den Körper geben, sowie Gott, der ihm die Seele gibt.

Wenn das so ist, dann hat jeder dieser drei Influencer eines Menschen zu einem Drittel das Recht, etwas von diesem zu verlangen: ein Drittel der Vater, ein Drittel die Mutter und ein Drittel der Ewige. An anderer Stelle sagt die jüdische Lehre, dass die Mehrheit entscheiden soll, wenn etwas zur Diskussion steht. Wenn also Gott von uns will, dass wir den Schabbat halten, die Eltern aber wollen, dass wir für sie am Schabbat einen Kaffee kochen, was dann? Eigentlich sind die Eltern Gott gegenüber ja in der Mehrheit und sie zu ehren, müsste heißen, ihnen darin zu folgen.

Ein kluger Rabbiner äußerte sich zu dieser Frage wie folgt: „Deine beiden Eltern sind genauso geschaffen wie du: Sie haben zwei Drittel von ihren Eltern und ein Drittel vom lieben Gott. Wenn wir das Ganze nun in Neuntel umwandeln, dann hast du vom lieben Gott fünf Neuntel: drei Neuntel von deiner eigenen Seele und dann noch je ein Neuntel göttlicher Anteil deiner Eltern. Daraus ergibt sich, dass Gott jedenfalls in der

Mehrheit ist und du das tun solltest, was er von dir verlangt.“

Gott ist also doch der stärkste Influencer.

Anhand dieser Geschichte kann man, by the way, nachrechnen, dass ich einmal Mathematik studiert habe.

I

J

Jom Kippur

J

Jom Kippur ist der jüdische Versöhnungstag. In der Tora wird er auch als „Schabbat der Schabbate“ bezeichnet. Von einem normalen Schabbat unterscheidet sich Jom Kippur aber vor allem dadurch, dass an diesem Tag alle erwachsenen Juden fasten. Das bedeutet, es darf an diesem Tag weder gegessen noch getrunken werden, außer ein Mensch ist krank.

Wenn aber ein gesunder Mensch während des Fastens einen Schwächeanfall hat und um Wasser bittet, dann muss ihm dieses natürlich gegeben wird. Im Zweifelsfall fragt man den Rabbiner.

Auch dazu eine Geschichte:

Vor vielen Jahren klagte ein reicher Mann am Jom Kippur, ihm sei schlecht und er brauche ein bisschen Wasser. Der Rabbiner ließ einen Arzt rufen, der nach kurzer Untersuchung befand, dem Mann ginge es gesundheitlich nicht so schlecht. Doch der Mann bestand auf etwas zum Trinken. Daraufhin fragte man den Rabbiner, welcher meinte, man solle ihm nur einige Tropfen Wasser zur Stärkung geben.

Nachdem der Mann ausgetrunken hatte, sagte er, dass es noch nicht genug sei, und bat um mehr Wasser. Er bestand so sehr darauf, dass der Rabbiner erneut um

Rat gebeten wurde. Da sagte dieser: „Gebt ihm so viel Wasser, wie er mag. Doch unter einer Bedingung. Für jeden Viertelliter Wasser muss er den Armen 100 Euro spenden."

Auf einmal ging es dem Mann viel besser und er brauchte doch kein Wasser mehr.

Die besondere religiöse Bedeutung von Jom Kippur verdeutlicht die Geschichte von einem „kleinen" Rabbi, der in die Hauptstadt fuhr, um das Fest gemeinsam mit dem dortigen Oberrabbiner zu feiern.

Auf dem Weg dorthin fiel leider so viel Schnee, dass der kleine Rabbi 20 Kilometer vor seinem Ziel nicht mehr weiterkam und in einem Dorf Unterschlupf suchen musste. Die dortige Synagoge war sehr klein und der Rabbi stellte fest, dass außer ihm trotz des hohen Feiertages nur acht weitere Juden erschienen waren und, wie meine Leserinnen und Leser schon wissen, braucht man zehn erwachsene Juden, um ein Gemeinschaftsgebet abzuhalten.

Nun hatte der Rabbiner nicht nur die Gelegenheit versäumt, Jom Kippur mit dem berühmten Rabbi zu feiern, sondern es fehlte ihm auch noch ein Jude, um wenigstens die für das gemeinsame Gebet notwendige Zahl von zehn Juden zustande zu bringen.

Also fragte der Rabbi die acht anderen: „Gibt es in diesem Dorf denn wirklich keinen zehnten Juden, der noch zu uns kommen könnte?"

Da erklärten ihm die anderen, dass es im Dorf noch einen Landverwalter gebe, der der Geburt nach Jude war, sich aber schon lange von der Religion entfernt hatte und selbst an den hohen Feiertagen nicht ins Bethaus kam.

„Ich werde trotzdem zu ihm gehen und ihn bitten, mit uns zu beten“, sagte der Rabbi.

So geschah es auch, aber der Landverwalter versuchte den Rabbi abzuwimmeln:

„Ich glaube schon lange nicht mehr an Gott und habe mit der jüdischen Religion nichts am Hut. Ich kann und will nicht mit euch beten.“

Der Rabbi bat ihn, es sich aufgrund der besonderen Situation und des hohen Feiertages noch einmal zu überlegen, aber der Mann blieb unnachgiebig. Also blieb dem Rabbi nichts anderes übrig, als alleine zurück zur Synagoge zu gehen.

Nach einigen Minuten wurde er aber zu seiner Überraschung von dem Landverwalter eingeholt: „Wissen Sie was, ich habe es mir überlegt. Ich komme doch mit“, sagte der Mann.

„Wunderbar“, rief der Rabbi, „dann sind wie zu zehnt und können jetzt gemeinsam beten!“

Als das Abendgebet vorbei war, erklärte der Rabbi dem Landverwalter, dass am nächsten Morgen um acht Uhr das Morgengebet des Jom Kippur stattfinde und er sehr darauf hoffe, dass der Mann wieder erscheine.

Zwar bekam der Rabbi vom Landverwalter darauf keine eindeutige Antwort, aber um acht Uhr Früh des nächsten Tages war dieser tatsächlich wieder da und nahm auch an diesem Gebet teil. Außerdem bemerkte der Rabbi, dass die Gebete des Landverwalters von Minute zu Minute inbrünstiger wurden. Er nahm das als Zeichen dafür, dass der Mann auch das Gebot des

Fastens eingehalten hatte und nun seine letzte Kraft in die Gebete legte.

Als das Ende von Jom Kippur nahte, sprachen alle gemeinsam noch einmal besonders intensiv das Gebet „Höre Israel, unser Gott ist einzig“. Zur Verblüffung aller stürzte der Landverwalter plötzlich zum geöffneten Torakasten hinauf, rief aus voller Kehle das Glaubensbekenntnis – und fiel danach tot um.

Der Rabbi und die anderen Juden waren von dem unerwarteten Todesfall sehr erschüttert. Sie kümmerten sich sogleich um die Begräbnisvorbereitungen, aber jetzt hatten sie für das Schlussgebet durch den Tod des Landverwalters wieder nur mehr neun lebendige Juden.

Da sagte der Rabbi: „Im Talmud heißt es: Große Gerechte gelten selbst dann als lebendig, wenn sie nicht mehr am Leben sind. Wir können also nun unser Gebet zu zehnt beten, denn der Landverwalter war jetzt ein großer Gerechter.“

Die Worte des Rabbis machen klar, dass der plötzliche Tod des Landverwalters sicher keine Strafe gewesen ist. Im Gegenteil: Der Ewige hat dem Mann durch das Gebet die Gelegenheit gegeben, zum Glauben zurückzufinden. Und dass er diese Chance ergriffen hat, das macht ihn zu einem besonderen Gerechten.

Jagd

Wir Juden jagen eigentlich nicht. Aber einmal hat mich ein Freund doch dazu überredet, mit ihm auf die Jagd zu gehen. Er hat mir erzählt, dass er einen Jäger kennt, der uns zeigen kann, wie das mit den Rehen und dem Schießen richtig funktioniert.

Wir stehen also zu dritt mit unseren Gewehren im Wald und warten auf das erste Reh. Als endlich eines vorbeikommt, schießen sowohl ich als auch mein Freund und das Reh fällt auf der Stelle tot um. Da waren wir uns natürlich ein bisschen uneinig, wer von uns nun das Reh erlegt hat.

„Schau“, sagt mein Freund, „wir haben ja einen erfahrenen Jäger da. Er weiß, wo du gestanden bist und wo ich gestanden bin, da kann er doch sicher feststellen, wer von uns getroffen hat.“

Tatsächlich hat sich der Jäger das Reh kurz angeschaut und uns dann zugerufen: „Der Rabbiner hat es geschossen!“

„Woran haben Sie das so schnell erkannt?“, hat mein Freund ihm vorwurfsvoll zugerufen. „Ich bin doch ein viel geübterer Schütze!“

Darauf grinst mich der Jäger frech an und sagt: „Weil es so ist wie die Worte des Herrn Rabbiners bei einer Predigt: Die Kugel ist bei einem Ohr hinein- und beim anderen wieder herausgegangen.“

Jüdisch-christlich-muslimisch

Vor einiger Zeit meinte eine österreichische Politikerin, dass das Kreuz in den Schulklassen ein Symbol der jüdisch-christlichen Tradition Europas sei. Das ist natürlich ein ziemlicher Blödsinn, denn das Kreuz ist sicher kein jüdisches, sondern exklusiv ein christliches religiöses Symbol.

Das lässt sich zum Beispiel an der Geschichte erkennen, in der ein jüdischer Mann nach einem schweren Schicksalsschlag zum christlichen Glauben findet. Um diesen seinen Glauben zu zeigen, fällt er den schönsten Baum in seinem Garten und schnitzt ein höchst kunstvolles, großes Holzkreuz daraus, das er genau dort aufstellt, wo vorher der Baum gestanden ist.

Alle Christen im Dorf sind sehr beeindruckt davon und bekreuzigen sich jedes Mal ehrfürchtig, wenn sie daran vorbeigehen. Einmal sehen sie einen Juden vorbeigehen, der sich natürlich nicht bekreuzigt, und fragen ihn: „He, warum erweist du diesem Kreuz nicht die gebührende Ehre?"

Da antwortet der Jude: „Ich hab ihn gekannt, da hieß er noch Nussbaum."

Eine andere Geschichte zeigt, zu welchen Missverständnissen es kommen kann, wenn ein Jude mit den christlichen Gebräuchen nicht ganz vertraut ist. Darin geht es um einen armen, amerikanischen Juden, der es schafft, eine Anstellung als Gärtner in einem christlichen Nonnenkloster zu ergattern. Nach seinem ersten Arbeitstag nimmt ihn die Mutter Oberin, auf Englisch Mother Superior, beiseite und sagt: „Sie machen das im Großen und Ganzen ja ganz gut, aber drei ganz wichtige Dinge müssen Sie noch lernen: Erstens, bitte waschen Sie sich die Hände nach der Arbeit nicht mehr im Weihwasserbecken. Zweitens, bitte hängen

Sie Ihre Jacke auf, wo Sie möchten, aber nicht auf dem großen Holzkreuz in der Kirche. Und drittens, zum letzten Mal: Mein Name ist nicht Mrs. Shapira, sondern Mother Superior!"

Auch die Bekleidung eines Priesters kann Anlass für Missverständnisse bieten. Ein Jude, der noch nie einen katholischen Priester gesehen hatte, wunderte sich darüber, warum der Kragen des Pfarrers so komisch aussah.

„Entschuldigen Sie, aber warum tragen Sie Ihr Hemd verkehrt?", fragte er.

„Ich bin ein Pater", antwortete der Priester, und weil er sah, dass das dem Juden nicht weiterhalf, fügte er hinzu: „Das bedeutet dasselbe wie Vater."

„Ich bin auch ein Vater, trage mein Hemd aber ganz normal", sagte der Jude verständnislos.

„Sie verstehen nicht ganz. Ich bin nicht so ein Vater wie Sie, ich habe eine sehr große Anzahl von Kindern, die ich betreue."

Das leuchtete dem Juden immer noch nicht ein: „Naja, was, ich habe immerhin auch acht Kinder und mein Hemd trage ich trotzdem richtig!"

„Aber bei mir sind es hunderte Kinder", erklärte der Pater.

Da sagte der Jude: „Dann sollten Sie statt dem Hemd vielleicht lieber ihre Hose verkehrt tragen."

Schöne Geschichten gibt es auch zur unterschiedlichen Glaubens- und Berufsauffassung von Geistlichen der drei monotheistischen Weltreligionen. Manchmal kommen wir Rabbiner dabei gut weg, manchmal weniger.

Einmal zum Beispiel soll der Ewige dem Papst, dem ranghöchsten Imam und dem Oberrabbiner von Jerusalem erschienen sein, um allen dreien zu verkünden, dass er von der Menschheit genug habe und deshalb in zwei Wochen eine riesige Sintflut schicken werde, in der die ganze Menschheit untergehen werde.

Die drei hohen Geistlichen waren darüber verständlicherweise sehr bestürzt und überlegten, wie sie diese schlechte Nachrichte ihren jeweiligen Gemeinden überbringen sollten. Also veranstaltete der Papst einen großen Gottesdienst auf dem Petersplatz, bei dem er das Herannahen der Sintflut verkündete und alle Christen aufforderte, ihre Sünden zu beichten, um gereinigt ins Himmelsreich eingehen zu können.

Auch der Imam versammelte in Mekka eine große Zahl Gläubiger und teilte ihnen mit, dass Allah zu ihm gesprochen und ihm das Ende der Welt angekündigt habe. Er lud sie ein, gemeinsam mit ihm zu beten, bis die Sintflut komme, und sich so von allen Sünden zu reinigen.

Und was tat der Oberrabbiner von Jerusalem? Er rief seine Gemeinde in der Synagoge zusammen und sagte zu den Juden: „Passt jetzt gut auf: Der Ewige hat mir gesagt, dass in zwei Wochen die größte Sintflut der Geschichte kommen wird. Wir haben also genau zwei Wochen Zeit zu lernen, wie man unter Wasser überlebt."

Aber nicht nur zum Ende der Welt, auch zum Ende des eigenen Lebens sagt man Rabbinern ein besonderes Verhältnis nach. So wurden einmal ein Priester, ein Imam und ein Rabbi gefragt, welchen Nachruf sie sich auf ihrer Beerdigung wünschen würden, wenn sie es sich aussuchen könnten. Der Priester und der Imam antworteten recht ähnlich.

Dem Priester wäre am liebsten, dass man sagen sollte, er habe die Liebe Jesu gepredigt und geübt. Der Imam hingegen wollte, dass man über ihn sage, er habe die Lehren des Koran sowohl weitergegeben als auch gelebt. Beide wollten als gottesfürchtige und gerechte Menschen beschrieben werden, die ihren Dienst dem Ewigen sowie ihrer Gemeinde gegenüber immer ernst genommen haben.

Der Rabbi hingegen dachte kurz nach und sagte dann: „Mir wäre eigentlich am liebsten, wenn auf meiner Beerdigung jemand sagen würde: ‚Schau, er bewegt sich noch!‘"

Zu diesen christlich-jüdisch-muslimischen Verhältnissen passt auch ein Witz, der die Grenze zum Antisemitismus streift, den ich aber doch erzählen möchte, weil er sehr gut ist. Ein Imam, ein Rabbi und ein Priester werden gefragt, wie sie in ihrer Gemeinde mit Spenden und mit der Kollekte umgehen, die sie nach dem Gottesdienst beziehungsweise dem gemeinsamen Gebet bekommen.

Der Imam erklärt als Erster, dass er da eine sehr einfache Methode habe: Er zeichnet auf dem Boden mit einem Stück Kreide einen Kreis, wirft die gesammelten

Münzen darüber in die Luft – und alles, was im Kreis landet, gehört Allah, was aber nach draußen fällt, darf er für sein eigenes Leben verwenden.

„Interessant", sagt daraufhin der Priester, „das mache ich ganz ähnlich: Ich zeichne am Boden einen geraden Strich und werfe das Geld dann ebenfalls in die Luft. Was rechts davon zu liegen kommt, gehört dem lieben Gott. Was links liegen bleibt, das darf ich behalten."

„Liebe Kollegen", sagt zum Schluss der Rabbi, „ich sehe, wir verwenden alle dieselbe bewährte Methode – nur mit geringfügigen Unterschieden. Ich persönlich mache es so: Ich werfe das ganze Geld in die Luft und sage dabei zum Ewigen: ‚Nimm dir alles, was du brauchst!' Und das, was dann wieder herunterfällt, darf ich für mein Leben behalten."

Dies sind eigentlich keine Witze, sondern Geschichten, die zeigen, wie der Rabbiner mit einem weisen Trick eine Lösung sucht und findet.

Damit ich zu diesem Thema aber auch etwas Persönliches erzähle, nun eine wahre und dennoch lustige Geschichte:

Vor einigen Jahren, vielleicht sind es auch schon Jahrzehnte, wollte Austrian Airlines ein nagelneues Flugzeug segnen lassen. Weil mit dem Flugzeug ja sowohl Christen als auch Juden und Muslime fliegen würden, rief die AUA nicht nur den Dompfarrer Toni Faber an, sondern auch noch einen österreichischen Imam und mich. Wenn Sie mir nicht glauben wollen, verlangen Sie vom ORF die Aufzeichnung.

Wir fanden uns also alle auf dem Flugfeld ein, dann kam eine Schulklasse, sang ein Lied und wir vollzogen zu dritt unsere Segnung. Als die Veranstaltung zu Ende war, kam der Direktor der AUA zu uns und wollte sich erkenntlich zeigen: „Wir können jetzt mit der neuen Maschine alle gemeinsam einen Flug über Österreich machen.“

Davon war ich nicht so begeistert, weil ich keine Zeit hatte und außerdem lieber woandershin geflogen wäre, was ich ihm auch sagte.

„Ach so, wo wollen Sie denn hinfliegen?“, fragte er mich.

„Nach New York”, antwortete ich mutig, weil dort einige meiner Kinder lebten.

„Gut, nach New York“, sagte er und bat mich in sein Büro, wo er mir tatsächlich ein Ticket für einen Flug nach New York ausstellen wollte.

„Vielen Dank“, antwortete ich, „aber wissen Sie, ein Rabbiner ist, anders als ein Kardinal, verheiratet …”

Der Direktor verstand sofort, was ich meinte, und stellte mir noch ein zweites Ticket aus. Ich gebe zu, das war eine ziemliche Chuzpe von mir. Was er den beiden anderen geschenkt hat, weiß ich natürlich nicht, aber ich glaube, ich bin ganz gut ausgestiegen.

Heute gibt es solche Protektion natürlich nicht mehr.

Über diese Segnung gab es damals auch Interviews im Fernsehstudio des ORF. Dafür wurden der Imam und ich herumgeführt, um zu lernen, wie wir uns zwischen der ganzen Fernsehtechnik richtig zu bewegen hatten, um auf unsere Plätze zu kommen. Der Priester kannte sich im Gegensatz zu uns beiden dort natürlich schon längst aus. Dabei fiel mir auf, dass mir der Imam immer den Vortritt ließ, obwohl er mindestens 20 Jahre älter war als ich. Also sagte ich zu ihm: „Gehen Sie doch ruhig vor, Sie sind doch älter“, woraufhin er mir geantwortet hat: „Nein, gehen Sie vor, Moses war vor Mohammed.“

K

Kabbala

Da die Kabbala sehr viel mit hebräischen Buchstaben zu tun hat, hat mich ein kluger Schüler gefragt, ob diese Technik auch in anderen Sprachen anwendbar sei. Ich antwortete, basierend auf meinen sensationellen Sprachkenntnissen: Bekanntlich ist einer der Urstoffe, aus dem die Welt entstand, das Wasser.

K

Auf Hebräisch heißt Wasser „Majim" und die Frage „Was?" heißt „Ma".

Auf Deutsch heißt Wasser „Wasser", darin steckt schon wieder das Wort „was".

Auf Englisch heißt Wasser „water" und was heißt „what"?

Und auf Italienisch heißt Wasser „aqua" und eine Form der Frage „Was?" heißt „qua".

Mich hat das vom Sessel gehaut. Aber bleiben Sie ruhig sitzen.

Ich habe bereits in der Einleitung ein bisschen etwas über die mystische Lehre der Kabbala erzählt. Kabbala bedeutet Überlieferung. Die unter diesem Begriff zusammengefassten Schriften sind kein geschlossenes System und auch kein offizieller Glaubensinhalt des Judentums. Sie sind nicht direkt biblischen Ursprungs (wie die Tora) und behandeln auch nicht das Gebiet der lebenspraktischen Vernunft (wie der Talmud).

Stattdessen versammelt die Kabbala jahrtausendealte Versuche, auf mystische, manche würden sagen esoterische Weise, einen direkten Draht zu Gott herzustellen und die Schöpfung zu deuten.

Wie das aussehen kann, lässt sich zum Beispiel anhand des zweiten Buchstabens des hebräischen Aleph Beth (siehe A wie Aleph Beth), also des Beth, zeigen.

Beth bedeutet Haus. Wer aber ein Haus hat, soll immer eine Türe für Gäste offen halten. Gastfreundschaft ist zwar keines der Zehn Gebote, aber eine Tugend, deren Bedeutung in der Tora an mehreren Stellen durch Geschichten verdeutlicht wird.

Wenn wir uns den Buchstaben Beth also im Original ansehen, dann stellen wir fest, dass er nicht zufällig so aussieht, als ob es sich dabei um ein Haus mit einer offenen Türe handeln würde: ב

Jetzt kann man natürlich fragen: Sind das nachträgliche Interpretationen oder wurden die Buchstaben absichtlich so geschaffen? Ich glaube Zweiteres, aber mit letzter Sicherheit würde eine solche Frage nur der Ewige beantworten können.

Ordnung und Symmetrie wird von den Kabbalisten hoch geschätzt und als ein Zeichen des Göttlichen sowie der Wahrheit gedeutet. Deshalb haben sich Juden seit Jahrtausenden den Kopf darüber zerbrochen, warum die Tora nicht mit dem ersten Buchstaben, dem Aleph beginnt – denn das wäre doch logisch, oder?

Die Tora beginnt aber mit dem Beth, dem zweiten Buchstaben. Was will der Ewige uns damit also sagen?

Das erste, was jeder Rabbiner dazu sagen würde, ist, dass wir nicht versuchen sollen zu erforschen, was vor der Schöpfung liegt. Die Motive Gottes dafür erraten zu wollen, dass er die Tora mit dem zweiten Buchstaben beginnt, kommt dem gleich, was die Christen als Sünde der Hoffart, also des Hochmutes bezeichnen. Forschen kann man in die Zukunft, ins Leben, aber das Göttliche ganz erfassen zu wollen, sollte nicht das Streben eines frommen Menschen sein.

Damit haben sich die Kabbalisten aber doch nicht zufriedengegeben und sind deshalb auf eine Geschichte gekommen, die uns plausibel macht, warum die Tora ausgerechnet mit dem Beth beginnt.

Das Aleph kam nämlich zum lieben Gott und sagte: „Als erster Buchstabe gebührt es mir, dass die Tora mit mir beginnt.“ Darauf antwortete der liebe Gott: „Du, liebes Aleph, bist sehr eingebildet, du nimmst dich zu wichtig. Ich werde stattdessen mit dem Beth beginnen.“ Das Aleph war daraufhin sehr traurig, sah seinen Fehler aber gleich ein und sagte: „Ewiger, ich verstehe mein Vergehen, aber deine Strafe ist zu hart.“

Und so sagte der Ewige: „Die Tora wird mit dem Beth beginnen, wie ich es soeben entschieden habe – ich habe das dem Beth schon mitgeteilt und es wäre sicher hart, ihm diese Zusage wieder wegzunehmen. Aber zum Trost werde ich dafür die Zehn Gebote mit dem Buchstaben Aleph beginnen lassen.“

Sie müssen mir das alles natürlich nicht glauben. Lernen Sie einfach Hebräisch und lesen Sie nach, in Exodus/Schmot, Kapitel 20, Vers 2.

Natürlich ist das nicht die einzige kabbalistische Geschichte dazu, es gibt auch die folgende Variante: Alle Buchstaben marschierten vor dem lieben Gott auf und dieser begann von hinten und befragte jeden Buchstaben, ob er der erste in der Tora sein wollte.

Natürlich wollten das alle, aber zu jedem sagte Gott: „Wenn du es willst, dann wirst du es nicht." Nur das Beth war entweder so bescheiden oder so schlau, dass es sagte: „Die Tora muss nicht ausgerechnet mit mir beginnen."

Das gefiel dem Ewigen und er antwortete: „Du drängst dich nicht auf? Dann sollst du es sein."

Darüber aber war jetzt das Aleph erbost, denn Gott hatte ja von hinten zu zählen begonnen und war also gar nicht bis zum ersten Buchstaben gekommen.

„Das ist ungerecht", sagte das Aleph, „alle hast du gefragt, nur mich nicht. Und dabei bin ich der erste Buchstabe im Alphabet." Da konnte Gott nicht widersprechen, und so entschädigte er das Aleph, indem er die Zehn Gebote mit ihm beginnen ließ.

Das alles ist nur ein winziger Einblick in kabbalistische Gedanken, die noch sehr viel tiefer und weiter führen, als sich hier mit diesen wenigen Beispielen darstellen lässt.

Koscher

Viele Leute glauben, dass für uns Juden das Schwein das unkoscherste Tier ist. In der Bibel und im Talmud werden aber Würmer, Kriechtiere, Krebse, Langusten, Spinnen und so weiter genauso verboten.

Diese Tiere nicht zu essen, ist sicher kein Problem. Aber es kann vorkommen, dass sich beispielsweise kleine Kriechtiere oder Insekten im Salat verstecken. Deshalb dauert es für fromme Juden viel länger, einen Salat zu machen. Weil man, ich will hier nicht zu viel ins Detail gehen, praktisch jedes einzelne Blatt abwaschen und überprüfen muss – die Fundis benützen dafür sogar eine Lupe.

Es gab einmal einen Rabbi, der besonders vorsichtig war, wenn es um die Einhaltung der Koscher-Regeln ging. Zu Hause konnte er sich Gott sei Dank auf seine Frau sowie auf eine jüdische Magd verlassen, die die Regeln des koscheren Kochens immer penibel einhielten.

Einmal aß dieser Rabbiner daheim ein Schnitzel (natürlich vom Kalb und nicht vom Schwein!). Aber als er das Schnitzel anschnitt, spritzte ihm das Öl, in dem es gebraten worden war, mitten ins Gesicht.

„Das kann ich nicht essen!“, donnerte der Rabbiner und seine Magd stammelte ganz bestürzt: „Aber aber warum denn nicht?“

„Ein Schnitzel, das so frech zu einem Rabbiner ist, kann nicht koscher sein!“

Die Magd jedoch versicherte ihm, dass alles genau so koscher wie sonst auch immer war. Darauf ging der Rabbiner in die Küche und stellte fest, dass die Magd das Schnitzel irrtümlich in der Pfanne für die milchigen Speisen gebraten hatte und es daher nicht koscher war.

Und so hatte sich sein Ausruf bestätigt.

Ein anderes Mal waren es die Karotten, die derselbe Rabbi nicht essen wollte.

„Warum isst du denn die Karotten nicht?", fragte ihn seine Frau, „Karotten sind doch wirklich immer koscher."

„Ich weiß nicht", sagte der Rabbi kopfschüttelnd, „irgendetwas stimmt mit diesen Karotten nicht."

Er rief also wieder die Magd aus der Küche und erkundigte sich, wo sie diese Karotten eingekauft hatte. Nachdem er sie dieses und jenes gefragt hatte, erzählte sie bald das Folgende:

„Als der Bauer gekommen ist und die Karotten auf den Tisch gelegt hat, hat er einen sehr teuren Teller zerbrochen. Da habe ich ihm gesagt, dass er heute kein Geld für die Karotten bekommen wird, um den Schaden wiedergutzumachen."

„Siehst du", sagte der Rabbi daraufhin zu seiner Frau, „ich habe ja gespürt, dass diese Karotten nicht koscher sind!"

Diese Geschichte gefällt mir sehr gut, weil sie schön zeigt, dass es bei den Koscher-Regeln nicht nur um die formale Einhaltung, sondern auch um den dahinterstehenden Geist geht. Auch wenn die

K

Karotten in Wirklichkeit koscher waren, war ihr Kauf doch nicht koscher, weil der Bauer kein Geld dafür bekommen hatte.

Anders verhält es sich da natürlich mit verarbeiteten Lebensmitteln, also mit jeder Art von Fertignahrung: Orthodoxe Juden werden so etwas nur zu sich nehmen, wenn ein sogenanntes Koscher-Zertifikat darauf ist. Das ist ein für nicht Eingeweihte ganz unauffälliges Zeichen, das zum Beispiel nur aus den beiden Buchstaben U und O besteht. Was für die Eingeweihten bedeutet, dass die Rabbiner der Union der Orthodoxen Gemeinden das Produkt überprüft und es für koscher befunden haben.

Ein anderes Zeichen schreibt sich „OK“, was aber nicht heißt, dass die Qualität „in Ordnung“ ist, sondern „ordentlich koscher“.

Es ist Ihnen wahrscheinlich noch nie aufgefallen, aber auf vielen international vertriebenen Lebensmitteln findet sich irgendwo ein solches Zeichen. Wenn Sie zum Beispiel zufällig eine Flasche Tomatenketchup eines großen internationalen Herstellers in ihrem Kühlschrank haben sollten, dann nehmen Sie sie doch heraus und suchen Sie danach.

Jetzt werden Sie fragen: Warum schreibt man statt dieses kryptischen Zeichens nicht einfach „koscher“ auf das jeweilige Produkt? Das ist sehr einfach: Täten die Firmen das, dann gäbe es Antisemiten, die das entsprechende Produkt aus genau diesem Grund nicht mehr kaufen, möglicherweise sogar sämtliche Produkte der Firma, die dieses herstellt, boykottieren würden – traurig, aber wahr. Deshalb gibt es stattdessen diese Zeichen, die normalerweise nur von denen, die es betrifft, verstanden werden.

Wie aber bekommt ein Produkt ein Koscher-Zertifikat? Dafür müssen der gesamte Herstellungsprozess sowie alle verwendeten Zutaten von einem Rabbiner kontrolliert und für koscher befunden werden. Erst dann bekommt es das Zertifikat und kann von orthodoxen Juden bedenkenlos konsumiert werden.

Nun gibt es aber Produkte, bei denen dieser Prozess ein wenig schwierig ist – nämlich dann, wenn Teile der Rezeptur geheim sind. So ist das zum Beispiel bei Coca-Cola. Als die Firma im letzten Jahrtausend eine neue Zentrale für Osteuropa in Wien eröffnete, war ich wahrscheinlich der erste Wiener Jude, der koscheres Coca-Cola trinken durfte. Denn die Firma wollte, dass ihr neuer Firmensitz von Vertretern der drei großen monotheistischen Religionen gesegnet wird. Das habe ich gemeinsam mit dem damaligen Kardinal und einem hohen Vertreter der muslimischen Glaubensgemeinschaft gemacht, und dafür hat mich der Präsident des Konzerns mit einer Kiste als koscher zertifiziertem Coca-Cola beschenkt, das es damals nur in den USA gab.

Aber wie konnte ein Rabbiner in Amerika bezeugen, dass alle Zutaten von Coca-Cola koscher sind? Bei Coca-Cola gibt es die strenge Regel, dass niemand die Rezeptur genau kennen darf, damit kein Raub-Cola produziert werden kann.

Zuerst hat man Coca-Cola daher den Vorschlag gemacht, dem Rabbiner die Zutaten, nicht aber die jeweilige Mengenangabe zu verraten. Das war dem Konzern jedoch noch immer zu unsicher, also hat man damals eine andere Lösung gefunden: Es wurde nicht einer, sondern es wurden zwei Rabbiner zu Rate gezogen, die jeweils nur die Hälfte der Inhaltsstoffe mitgeteilt bekamen. Und beide mussten sich vertraglich dazu verpflichten, ihre Hälfte des Wissens an niemanden, vor allem nicht an den anderen Rabbiner weiterzugeben.

So konnte die berühmte Coca-Cola-Rezeptur geheim bleiben und ich konnte damals auf der Kärntner Straße dennoch koscheres Coca-Cola trinken.

Kalender

Der jüdische Kalender ist sowohl was die Jahre als auch die Monate betrifft anders als der allgemein gültige Kalender. Wir Juden schreiben nämlich seit September das Jahr 5780. Wenn dann jemand fragt, wo dieser Kalender beginnt, wo die Zählung, die jetzt bei 5780 steht, angefangen hat, dann ist die klassische Antwort: Der jüdische Kalender beginnt mit der Schöpfung der Welt.

Natürlich steht das im krassen Gegensatz zur modernen Wissenschaft, die schon lange ausgerechnet hat, dass es unseren Planeten bereits seit Milliarden Jahren gibt.

Wenn wir also in einem Brief das Jahr 5780 schreiben, dann meinen wir Juden (außer vielleicht die ganz extremen Fundis) nicht wirklich, dass die Welt erst 5780 Jahre alt ist. Es ist ja auch nicht jeder Mensch Christ, der das Jahr 2019 auf einen Briefkopf schreibt, und doch hält er sich damit an die Zeitrechnung nach Christi Geburt.

Wie aber kommen wir Juden nun gerade auf die Zahl 5780? Um das zu erklären, gibt es ein sehr schlaues System: In der Genesis, also der Schöpfungsgeschichte, finden wir bekanntlich eine Beschreibung, nach der die Erde von Gott in sechs Tagen geschaffen wurde, wonach der Ewige am siebten Tage ruhte. Am sechsten Tag schuf er Adam und an einer späteren Stelle erfahren wir auch genau, wie alt Adam war, als er Vater seines dritten Sohnes Set geworden ist.

Und auch von Adams Sohn Set steht genau geschrieben, in welchem Alter er Vater wurde, und diese Beschreibung setzt sich über zehn Generationen bis zu Noah fort.

Auch nach Noah reißt die Beschreibung nicht ab, es kommen dann weitere zehn Generationen, bis wir irgendwann bei Moses und dem Auszug aus Ägypten ankommen.

Und rechnet man weiter, zum Beispiel, dass das Volk Israel 40 Jahre in der Wüste wanderte et cetera, bis in die Gegenwart, dann kommt man eben auf die 5780 Jahre, bei denen der jüdische Kalender heute steht.

Aber ich wiederhole: Diese Zählweise ist eine Tradition, man muss dafür nicht an Gott glauben oder die Bibel wörtlich nehmen. Einer meiner wichtigsten Lehrer, Rabbi Kelchheim, sagte mir einmal, dass es drei Möglichkeiten gibt, darauf zu reagieren, wenn wir in der Bibel etwas finden, das uns unplausibel erscheint oder wissenschaftlichen Erkenntnissen widerspricht.

Entweder wir sagen dann, was die Wissenschaft sagt, ist korrekt, und was die Bibel sagt, ist ein Blödsinn. Das ist die Haltung der kalten Wissenschaftler.

Oder wir sagen, was in der Bibel steht, stimmt wörtlich, und die Wissenschaft liegt falsch. Das vertreten die Fundi-Tora-Gläubigen.

Es gibt aber noch eine dritte Möglichkeit, einen Mittelweg: Dieser Weg besteht darin, die Bibel so zu deuten, dass sie nicht in völligen Widerspruch zur Wissenschaft gerät. Beim jüdischen Kalender bedeutet das zum Beispiel Folgendes:

K

Die sechs Tage, an denen Gott die Welt erschaffen hat, waren vermutlich keine Tage im heutigen Sinn, sie hatten nicht jeweils 24 Stunden, sondern es waren sechs Zeiteinheiten. In den Psalmen finden wir einen Vers, in dem es heißt: „Für Gott sind tausend Jahre so wie eine Stunde."

Wenn es in der Tora also heißt, dass die Schöpfung insgesamt sieben Tage gedauert hat, dann können das nach menschlichem Zeitmaß ebenso gut sieben Mal eine Million Jahre gewesen sein. Damit ist der Widerspruch zur Wissenschaft vielleicht noch nicht endgültig aufgelöst, aber er ist zumindest nicht mehr ganz so drastisch.

In den USA gibt es nun seit rund 50 Jahren eine Institution, die versucht, Widersprüche zwischen der Lehre der Tora und den Wissenschaften auf allen möglichen Gebieten aufzulösen. Zum Beispiel haben Wissenschaftler vorgeschlagen, dass als das Volk Israel trockenen Fußes durch das Rote Meer wanderte, gerade Ebbe war, und als die nachjagenden Ägypter im selben Jahr ertranken, die Flut eingesetzt hatte.

Manche halten solche Erklärungsversuche für überflüssig. Aber es ist eine sehr jüdische oder rabbinische Eigenschaft, Widersprüche, wenn nur irgendwie möglich, aufzulösen und Konflikte auszugleichen.

L

Laubhüttenfest

Das Laubhüttenfest ist ein jüdisches Erntedankfest. Ursprünglich wurde dabei vor allem gefeiert, dass die Juden nach ihrem Auszug aus Ägypten in der Wüste in Hütten leben konnten, daher hat das Fest seinen Namen. Deshalb wird auch heute noch zu Beginn des Festes, das eine ganze Woche dauert, von frommen Juden die Sukka, also eine Laubhütte, unter freiem Himmel erbaut, in der man dann an den folgenden Tagen die Mahlzeiten einnimmt.

Manche Rabbiner interpretieren das Gebot sogar so, dass man während des Festes in der Hütte wohnen, dort also auch übernachten soll. In diesem Punkt gibt es jedoch starke regionale Unterschiede. In Israel und anderen südlichen Ländern mit warmem Klima übernachten viele Juden in ihren Laubhütten. Dagegen hielt man sich zum Beispiel in Polen immer an die Interpretation des berühmten Rabbi Moshe Isserles aus Krakau, der erklärte, dass das Einnehmen der Mahlzeiten völlig ausreichend sei. Wenn man weiß, dass das Fest oft in den Oktober fällt und die polnischen klimatischen Bedingungen kennt, dann kann man leicht verstehen, wieso.

Später kam dann noch der Erntedank-Aspekt hinzu. Dafür stellt jede Familie einen Feststrauß zusammen, der aus einem Palmzweig, einer Zitrusfrucht, Myrte und einem Weidenzweig besteht. Die Zitrusfrucht, man nennt sie auf Hebräisch „Etrog“, ist meistens sehr teuer und war lange Zeit zum Beispiel für die vielen in Osteuropa lebenden Juden kaum leistbar, weil sie aus Italien oder Israel importiert werden musste.

Auch dazu gibt es eine Geschichte: Ein Rabbi hatte das ganze Jahr für eine Zitrusfrucht gespart und war dann knapp vor Sukkot zum Markt gegangen, weil er gehört hatte, dass es dort ein oder zwei der begehrten Etrogim zu kaufen gab.

Am Weg dorthin bemerkte er einen armen Kutscher, der am Straßenrand saß und weinte. Der Rabbi erkundigte sich nach dem Grund für seinen Kummer.

„Ich lebe davon, dass ich Kutscher bin, und gerade ist mir mein Pferd verendet und ich bin erledigt“, antwortete der Mann verzweifelt.

„Wie viel kostet denn ein neues Pferd?“, fragte der Rabbiner.

„100 Rubel!“, seufzte der Mann.

Da nahm der Rabbi das Geld, das er das ganze Jahr für seine Zitrusfrucht gespart hatte, aus der Tasche und gab es dem Kutscher.

Als er nach Hause kam, erwartete den Rabbi schon seine Frau: „No, zeig diese Zitrusfrucht her, wie schön sie ist“, sagte sie.

Und er antwortete: „Ich habe keine Frucht.“

„Aber wieso? Du bist doch zum Markt gegangen, um eine zu kaufen!?“

Da sagte der Rabbi: „Dieses Jahr wird ein Pferd meine Zitrusfrucht für das Laubhüttenfest sein."

In einer anderen Geschichte kam ein Rabbiner zwar mit der begehrten Frucht nach Hause und trug seiner Frau auf, sie gut in einer mit Watte ausgelegten Kiste zu verwahren.

Aber am ersten Tag des Festes wachte die Frau des Rabbiners früh auf, konnte sich nicht beherrschen und wollte sich die Frucht, bevor ihr Mann aufwachte, noch einmal ganz genau anschauen. Dabei fiel sie ihr aus der Hand und der Spitz, der ähnlich einer Zitrone oben vom Etrog wegsteht, brach ab.

Die Frau des Rabbiners war völlig verzweifelt: Ihr Mann würde sehr wütend sein, wenn er das Malheur entdeckte. Also versuchte sie, dem zuvorzukommen, indem sie dem Rabbiner gleich, nachdem er aufgestanden war, das Missgeschick beichtete und die Schuld auf sich nahm.

„Du wirst jetzt bestimmt sehr böse auf mich sein", schloss sie zerknirscht ihren Bericht.

Der Rabbiner aber dachte kurz nach und sagte dann: „Nein, ich werde nicht böse auf dich sein. Denn im Talmud steht: Wenn jemand sehr zornig wird, dann ist das so, als ob er Götzendienst betreibt. Nun habe ich für das Sukkot-Fest schon keinen ordentlichen Etrog mehr, was eine Sünde ist. Da kann ich es mir nicht leisten, durch Zorn eine weitere zu begehen."

M

Maseltov

Dieses Buch trägt das Glück im Titel, daher ist es angebracht, ein paar Worte darüber zu verlieren. Im Deutschen gibt es viele Wörter, die aus dem Jiddischen kommen, so etwa „Ganove“, das sich von „Ganef“, dem Hebräischen Wort für „Dieb“, ableitet. Oder das im Wienerischen geläufige „Masel“, das Glück bedeutet.

Ich werde immer wieder gefragt, wie man das Masel richtig schreibt, ob mit s oder mit z. Die Engländer und Amerikaner schreiben Maseltov nämlich mit z, weil sich auf Englisch nur so ein stimmhaftes s ausdrücken lässt. Aber wenn man mich fragt, dann sage ich immer: Richtig schreiben tut man es weder mit s noch mit z, sondern mit dem hebräischen Buchstaben Zajin, der so ausschaut: ז

Maseltov bedeutet in jedem Fall, egal wie man es nun schreibt, „gutes Glück“. Gutes Glück ist ja eigentlich ein schöner Wunsch, aber wenn man jemandem wünscht, dass er Glück haben soll, dann sollte das genügen. Warum muss man „gutes Glück“ wünschen?

Weil ein Mensch nicht immer weiß, was gut für ihn ist. Sie haben sicher von Menschen gelesen, die das Glück hatten, einen großen Lottogewinn zu machen, die danach aber nicht imstande waren, vernünftig mit dem Geld umzugehen.

Dann ist dieser Lottogewinn nur ein Masel, aber kein Maseltov. Glücklich sein ist jedoch etwas ganz anderes: Nämlich die Fähigkeit zu haben, unser Leben mit anderen friedlich und liebevoll zu gestalten.

Ursprünglich sollte mein Buch nicht nur „Das ABC vom Glück" heißen, sondern es sollte wirklich ein ganzes Buch ausschließlich über das Thema Glück werden. Aber dann habe ich gelesen, dass der von mir geschätzte Professor Franz Schuh bereits ein Buch über Fortuna geschrieben hat. Da habe ich mich daran erinnert, dass ich bei Veranstaltungen schon öfters mit ihm gemeinsam auf einem Podium gesessen bin. Er hat dann immer wahnsinnig kluge philosophische Dinge gesagt und ich habe meistens nur eine lustige Anekdote angehängt.

Also habe ich entschieden, dass ich kein ganzes Buch über das Glück schreiben werde. Warum heißt das Buch dann aber trotzdem „Das ABC vom Glück"?

Ganz einfach: Meine Glücksphilosophie funktioniert ein bisschen anders als in den meisten Ratgebern, wo man zehn Punkte abarbeiten oder eine Checkliste führen muss, um glücklich zu werden. Ich glaube, es ist viel simpler. Man wird im Leben glücklich, wenn man andere glücklich macht.

Und wie macht man andere glücklich? Zum Beispiel, indem man ihnen gute und lehrreiche Geschichten erzählt.

Matura

Als ich in die Schule ging, gab es noch keine jüdische Schule in Wien, und so ging ich ins Akademische Gymnasium. Nachdem ich dort die Matura absolviert hatte, studierte ich zunächst Mathematik, habe mich dann aber für ein Rabbinatsstudium in Jerusalem entschlossen.

Nachdem ich in Wien als Rabbiner in die Israelitische Kultusgemeinde (IKG) aufgenommen wurde, war ich Assistent meines Vaters, des Oberrabbiners Professor Doktor Akiba Eisenberg. Er war, als ich aufgenommen wurde, circa 70 Jahre alt, konnte seine Arbeit noch fortsetzen, brauchte aber insbesondere bei der Betreuung der Jugend Hilfe. So wurde ich auch „Jugendrabbiner".

Zu jener Zeit, im Jahr 1984, wurde dann auch eine neue jüdische Schule eröffnet. Sie war und ist nach einem berühmten Oberrabbiner der IKG in Wien, Zwi Perez Chajes, benannt, einem Pionier auf dem Gebiet der jüdischen Erziehung. Vorher war es so, dass man sich entscheiden musste, ob man die Allgemeinbildung oder die jüdische Bildung bevorzugt.

Viele orthodoxe Juden schickten ihre Kinder in eine Bibel- und Talmudschule, wo sie fast nur Religionsunterricht erhielten, daneben höchstens Deutsch schreiben und lesen sowie ein wenig Mathematik lernten.

Die anderen schickten ihre Kinder in säkulare Schulen, meist ein Gymnasium, wo sie nur die zwei im Lehrplan vorgeschriebenen Stunden Religionsunterricht erhielten.

Oberrabbiner Zwi Perez Chajes war einer der ersten, der der Meinung war, dass religiöse Bildung und Allgemeinbildung nicht im Widerspruch zueinander stehen, und so entstand 1919 in Wien das erste Zwi-Perez-Chajes-Gymnasium. Natürlich wurde dieses in der Nazizeit geschlossen, aber es kam noch schlimmer: Das Gebäude wurde als Sammelplatz für die Deportation der Juden in die Konzentrationslager verwendet.

Zurück in die Gegenwart oder besser gesagt in die jüngere Vergangenheit. Auch nach der Eröffnung des neuen jüdischen Gymnasiums im Jahr 1984 gab es noch viele Schüler, die in allgemeine Schulen gingen. Die Kultusgemeinde organisierte gemeinsam mit dem Stadtschulrat einen Sammelunterricht, bei dem Schüler an einem Tag der Woche zwei Stunden jüdische Religion lernen konnten, wie es im Lehrplan vorgesehen war. Das gab ihnen auch das Recht, in diesem Fach zu maturieren. Seit meiner Anstellung in Wien habe ich die Maturaklassen in jüdischer Religion unterrichtet und auch die Reifeprüfungen abgenommen.

Besonders lustig waren diese Maturaprüfungen immer an der Schule, an der ich selbst maturiert habe, also am Akademischen Gymnasium. Denn da saß ich in der Maturakonferenz gemeinsam mit Professoren, die bereits meine Lehrer gewesen waren.

Als Prüfer konnte ich auch bei den anderen Fächern meiner Maturanten mitstimmen. Und so musste ich jedes Mal einen halben Tag dort mit dabei sitzen, obwohl ich nur eine Prüfung abgenommen hatte.

Als ich dann Oberrabbiner wurde, ist es mir gelungen, die Erlaubnis zu erhalten, nach meiner Prüfung wieder zu gehen. Ich musste natürlich zuerst den Einser beantragen, den ich immer gegeben habe. Manchmal meinte der Vorsitzende, dass ich bis zur Konferenz bleiben sollte, vielleicht werde ja einer meiner Schüler zwischen vier und fünf stehen. In diesem Falle hat jeder Lehrer ein Stimmrecht, und wenn ich dann nicht dort sein würde, wäre dies zum Nachteil des Schülers. Darauf sagte ich sinngemäß: „Egal, was für einen Blödsinn der Schüler oder die Schülerin sagen wird, ich stimme jetzt schon dafür, dass er oder sie nicht durchfällt."

Nicht nur deshalb, sondern auch weil meine Religionsstunden – das sei in aller Bescheidenheit erwähnt – mitreißend waren, gab es kaum einen jüdischen Schüler oder eine jüdische Schülerin, der oder die lieber in Deutsch, Philosophie oder Geschichte antrat statt bei mir.

Mütter

Einmal hatte eine Schülerin bei der Matura den Schabbat zum Thema. Es war bei den Prüfungen immer wichtig, dass der Schüler oder die Schülerin nicht einen durchgängigen Vortrag hielt, sondern dass ich als Prüfer auch Zwischenfragen stellte. Als die Schülerin damit begann, dass am Freitagabend zu Hause die Kerzen angezündet werden, habe ich absichtlich eine besonders leichte Frage gestellt, von der ich sicher war, dass sie diese richtig beantworten kann. Ich fragte: „Wer zündet die Kerzen an? Der Vater oder die Mutter?"

Wie aus der Pistole geschossen, kam die falsche Antwort: „Der Papa!"

Noch bevor ich etwas entgegnen konnte, sagte der christliche Vorsitzende: „Ich habe schon viel über den Schabbat gelesen, und überall steht, dass die Mutter als Hausfrau die Kerzen entzündet."

Kurzes peinliches Schweigen. Und dann sagte die Schülerin: „Meine Mutter ist nicht so religiös, und deshalb zündet bei uns der Vater die Kerzen an." Ob das wirklich so war oder nur eine intelligente Ausrede, weiß ich bis heute nicht …

Und warum zünden die Frauen am Freitagabend die Kerzen an? Weil es die Mütter sind, die Licht und Wärme – sowohl im wörtlichen als auch im übertragenen Sinn – im Heim und in der Familie verbreiten. Die Mutter ist es auch, die traditionell mit den Kindern die ersten Gebete beim Aufstehen und beim Niederlegen spricht. Dazu gehört das Schma Jisrael, das den Glauben an einen einzigen Gott deklariert. Von der tiefen Wirkung, die diese mütterlichen Gebete entfalten können, erzählt die folgende, wahre Geschichte:

In der Schoah gab es sehr wohlgesinnte Christen, die jüdische Kinder bei sich versteckten, sie als ihre eigenen ausgaben und so ihr Leben retteten, während die Eltern der Kinder in den Vernichtungslagern ermordet wurden. Auch in Klosterschulen wurden jüdische Kinder im Internat aufgenommen und versorgt. Natürlich wurden sie, wie die anderen Kinder dort, im christlichen Glauben erzogen.

Nach dem Krieg gab es einen Rabbiner, der es sich zur Aufgabe machte, solche Kinder wieder in die jüdische Gemeinde zurückzubringen, auch wenn ihre Eltern nicht mehr am Leben waren. Die Klosterschwestern aber glaubten, diese Kinder nicht nur physisch, sondern durch die Erziehung zum Christentum auch ihre Seelen gerettet zu haben.

Als der Rabbiner einmal in einem Kloster nach den versteckten jüdischen Kindern fragte, antwortete die Oberschwester, dass es dort gar keine gäbe. Der Rabbiner ließ aber nicht locker, bis man ihn in den Schlafsaal der Kinder führte. Die Leiterin des Klosters erlaubte ihm, einen Blick auf ihre Schützlinge zu werfen, weil die Kinder inzwischen ohnehin andere Namen und Papiere hatten und sie deshalb annahm, dass der Rabbiner ihre jüdischen Schützlinge gar nicht würde herausfinden können.

Der Rabbiner aber kam in den Schlafsaal und begann, das Gebet zu rezitieren, das die Mütter jeden Morgen und jeden Abend mit den Kindern gebetet hatten. Als sie das Schma Jisrael hörten, kamen die jüdischen Kinder auf den Rabbiner zugelaufen und riefen dabei: „Mama! Mama!“

So stark war die Erinnerung an das Gebet, das ihre in der Schoah ermordeten Mütter sie einst gelehrt hatten.

Musik

Das Kapitel zur Musik wird möglicherweise das längste, denn Musik ist Musik (= Balsam) für meine Seele. Leider kann man dies in einem Buch nur schwer vermitteln.

Die schönsten Dinge im Leben muss man aber sowieso tun, anstatt sie nur zu beschreiben. Zum Beispiel ist zu essen viel angenehmer und sättigender, als ein Rezept zu lesen oder niederzuschreiben. Und schlafen ist viel erholsamer, als über das Schlafen nachzudenken.

Aber zurück zur Musik: Auch wenn Musik zu hören oder zu musizieren besser ist, als Musik in einem Buch zu beschreiben, kann man die Kraft der Musik in folgender Geschichte hoffentlich trotzdem erahnen:

In einer frommen Familie gab es ein schwarzes Schaf. Dieser Sohn schwänzte meistens den Religionsunterricht, und wenn er daran teilnahm, sekkierte er den Religionslehrer ohne Ende. Am Schluss wurde er aus der frommen Schule hinausgeworfen und der religiöse Abstieg nahm seinen Lauf. Seinen Großvater aber schätzte und liebte er über alles, wenn er sich auch oft über dessen Frömmigkeit lustig machte.

Als er seinen Großvater an dessen Totenbett besuchte, befürchtete er, dass dieser versuchen würde, ihn zu beeinflussen, sich dem Glauben wieder anzunähern. Doch der Großvater tat nichts dergleichen und summte dem Enkel nur eine sehr ergreifende, alte jüdische Melodie so lange vor, bis diese sich ihm eingeprägt hatte.

Nach längerer Zeit musste der junge Mann in seiner neuen Schule wieder den Religionsunterricht besuchen. Er bereitete sich schon darauf vor, den neuen Lehrer zu necken. Doch dieser sagte zu den Schülern: „Heute möchte ich euch am Beginn des Religionsunterrichts eine alte chassidische Melodie beibringen."

Zur Überraschung des jungen Mannes sang der Lehrer genau das chassidische Lied, das der Großvater ihm beigebracht hatte. Da war der junge Mann von dieser Melodie so tief berührt, dass er sich dem Glauben seiner Vorväter wieder zuwandte.

Bei uns zu Hause, wie auch in anderen jüdischen Häusern, wird am Schabbat gesungen. Die Gebete in der Synagoge, die Schabbes-Lieder daheim. Dort allerdings ohne Instrumente, weil man am Schabbat ja keine Instrumente spielen darf.

Am Wochentag hingegen hat mir mein Vater früher öfters alte Schellacks mit jüdischer Musik vorgespielt, mit Kantoren, die schon lange nicht mehr lebten, jedoch noch immer Vorbilder für die heutigen Kantoren sind. Diese (nicht die Kantoren, sondern die Schellacks) waren oft zerkratzt, aber man konnte doch die vollen, sonoren Stimmen der Sänger erkennen. Da gab es neben einem Chor oft Orgelbegleitung und manchmal sogar ein Orchester.

In den 60er-Jahren entwickelte sich dann vor allem in Israel und in den USA ein neues Genre, „Modern Israeli Music" beziehungsweise „Modern Chassidic Music" genannt. Die nächste Entwicklungsstufe war jüdischer Pop, wo interessante Crossover-Musik entstand. In dieser Zeit wuchs ich auf und versuchte von überall LPs dieser Musikrichtungen zu bekommen und anzukaufen.

Ähnliche Musik machten auch jüdische Jugendliche in Wien, sodass ich in den 70er-Jahren eine eigene Boys-and-Girls-Group gründete, mit der ich bei verschiedenen Anlässen auftrat.

Nachdem sich die Mitglieder dieser Gruppe in aller Herren Länder zerstreut hatten, wie es typisch für die Wiener Juden ist, begann meine „Solokarriere", zum Beispiel als Hobbykantor zu den hohen Feiertagen.

Als ich dann in Israel in der Yeschiwa lernte und das Rabbinatstudium absolvierte, gab es oft Hochzeiten von Mitschülern, zu denen man Musik, auch zum Tanzen, spielen musste. Auch dafür gründete ich eine Band, bei der ich meistens der Leadsänger war und die anderen mich begleiteten.

Als junger Rabbiner zurück in Wien setzte sich meine Musikkarriere fort. Manchmal sang ich, ohne gebucht worden zu sein, ein Lied, worauf meine liebe Frau meinte, ich hätte die sogenannte „Mikrofon-Krankheit": Kaum sehe ich ein Mikrofon, muss ich hineinplärren.

Zu jener Zeit wirkte ich sogar an zwei Plattenaufnahmen mit, wo ähnliche Supertalente wie ich moderne jüdische Lieder, alte wie neue, aufnahmen.

Ich möchte in diesem Zusammenhang auch einige Kollegen erwähnen, von denen leider drei nicht mehr leben.

Der erste ist Rabbi Shlomo Carlebach, geboren 1925 in Baden bei Wien, wo sein Vater Rabbiner war. Im Jahr 1938 flüchtete er 13-jährig in die USA, beendete dort sein Rabbinerstudium und enttäuschte anschließend seine Lehrer, weil er nicht Rabbiner im eigentlichen Sinn sein wollte, sondern sein durchschlagendes Talent, neue jüdische Lieder zu komponieren und vorzutragen, verfolgte.

Diese basierten meist auf Gebetstexten, und was ihn besonders auszeichnete war, dass er zwischen den Liedern wunderbare alte und neue chassidische Storys zum Besten gab, die er oft in einem Singsang vortrug, während er sich selbst mit der Gitarre begleitete. Er war sehr fromm, trotzdem weltoffen und forderte sein Publikum oft auf, mitzusingen und mitzutanzen.

Weil er aus seiner Jugend noch gut Deutsch sprach, hatte er gerade in Österreich, auch bei Nichtjuden, sehr viel Erfolg. In Carlebach sah und sehe ich bis heute mein großes Vorbild.

Ich komponiere zwar keine eigenen Lieder, singe und spreche aber im Carlebach-Style, ohne ihn dabei zu imitieren. Ich habe meinen eigenen Chaim-Style entwickelt. Es war für mich immer ein großes Vergnügen, gemeinsam mit Carlebach auf der Bühne zu stehen. Die folgende Geschichte steht womöglich schon in meinem ersten Buch, aber sie ist so berührend, dass ich sie hier unbedingt erzählen möchte.

Als Rabbi Shlomo, wie ich ihn nannte, einmal ein Konzert in Wien gab, sprach ihn die Mutter eines kranken, schwerbehinderten Kindes an und bat ihn, zu sich nach Hause zu kommen, um ein Lied für das Kind zu singen, da es nicht die Möglichkeit hatte, selbst zum Konzert zu kommen. Carlebach stimmte zu und sang mehr als eine Stunde lang alleine für dieses Kind. Er war ein ganz besonders liebevoller Mensch und der einzige, abgesehen von meinen Eltern, bei dem ich geweint habe, als ich von seinem Tod erfahren habe.

Immer wieder habe ich auch als Special Guest bei einigen Musikgruppen gesungen. Ein ganz besonderes Verhältnis hatte ich zu Herwig Strobl, dem Chef der Gruppe „10 saiten 1 bogen“ aus Linz. Die Mitglieder der Gruppe waren keine Juden, spielten aber hervorragend Klezmer und jiddische Musik.

Herwig Strobl widmete sein Leben ganz der Musik und organisierte die „Jüdischen Spaziergänge“ in Linz. Dabei wandte er seine Aufmerksamkeit auch der Aufarbeitung der Geschichte seiner Familie in der NS-Zeit zu. Weitere wichtige Themen waren für ihn Umweltschutz und Frieden.

1997 nahm ich schließlich gemeinsam mit Herwig Strobl für den ORF im Radiokulturhaus eine CD mit dem Titel „As der Rebbe lacht“ auf, auf welcher ich nicht nur singe, sondern zwischen den Liedern auch „Gschichterln“ erzähle.

Leider ist auch Herwig vor kurzem verstorben.

Mit einer Wiener jüdischen Band namens „Freylech“ wiederum habe ich oft als Gast auf Hochzeiten und Bar Mitzwas gesungen. Während der Feier ist mir manchmal ein passender aktueller Text zu einem bekannten Lied eingefallen. Ich habe ihn dann auf einer Serviette notiert und zur Überraschung und zum Amüsement der Gäste dargeboten.

Alon, ein Gitarrenvirtuose, war einer der Gründer dieser Gruppe, der mich manchmal allein bei verschiedenen Feiern sogar bei mir zu Hause begleitet hat. Auch dieser musikalische Freund ist leider vor kurzem viel zu jung verstorben.

Mit dem zweiten Mitbegründer der „Freylechs" singe ich heute noch viel. Roman Grinberg hat inzwischen selbst große Karriere gemacht, und es gibt kaum ein jüdisches Musikevent in Wien, bei dem er nicht mitorganisiert und begleitet. Er leitet den Wiener jüdischen Chor, eine jüdische Klezmer-Gruppe und eine jüdische Jazz-Gruppe und ist auch international tätig.

Roman begleitet mich bei vielen Auftritten am Klavier, wir harmonieren sehr gut, was bei Musik nicht schaden kann, und sind, so sagen die meisten, ein tolles Team.

Fast alle Synagogen in Österreich wurden in der Nazizeit zerstört. Die Synagoge von St. Pölten ist eine der wenigen, die zwar innen verwüstet wurde, deren Mauern sich aber gegen die Zerstörung durch die Nazis wehrten. Dort befinden sich heute das Institut für jüdische Geschichte Österreichs und ein schöner Vortragssaal. Als ein Beispiel für viele Orte möchte ich erwähnen, dass es in St. Pölten im Jahre 1932 noch 1.600 Juden gab – heute dagegen weniger als zehn.

Deshalb war es mir ein Anliegen, einmal in dieser Synagoge zu beten und zu singen. Und so haben wir dort im Mai 2018 mit Roman Grinberg und dem Wiener jüdischen Chor ein Konzert veranstaltet. Die dabei entstandene CD heißt „Rabbi Chaim & Friends“, erschienen im Juni 2019. Somit gibt es von mir neben diesem Buch als etwas Bleibendem zum Lesen auch etwas Bleibendes zum Hören).

N

Narrativ

In letzter Zeit habe ich mich in dieses Wort verliebt. Narrativ bedeutet zunächst einmal laut Lexikon, „eine sinnstiftende Erzählung, die Einfluss hat auf die Art, wie die Umwelt wahrgenommen wird". Ich habe mich besonders damit beschäftigt, dass objektive Ereignisse von zwei verschiedenen Menschen oder auch Völkern ganz unterschiedlich ausgelegt werden, sodass am Ende für das gleiche Ereignis mehrere Bewertungen vorliegen.

Sie werden feststellen, dass ich mich in diesem Buch bezüglich des Nahostkonflikts zurückgehalten habe. Daher hier nur ein von mir nicht bewertetes Beispiel: Für fast alle Juden auf der Welt ist die Gründung des Staates Israel im Jahre 1948 ein freudiges Ereignis, das in Israel und unzähligen anderen jüdischen Gemeinden auch gefeiert wird.

Dieser Tag heißt Jom Ha'azmaut, Tag der Unabhängigkeit, vergleichbar dem österreichischen Nationalfeiertag. Für die Palästinenser heißt dieser Tag hingegen „Nakba", auf Deutsch „Katastrophe" oder „Unglück".

Und auch die Ereignisse, die dazu führten, dass es palästinensische Flüchtlinge gibt, werden in beiden

Narrativen unterschiedlich dargestellt. Während aus der Sicht Israels diese Menschen geflüchtet sind, sagen die Palästinenser, dass sie von den Israelis vertrieben wurden.

Bei jedem Konflikt, bei dem es verschiedene Narrative zur Entstehung gibt, ist es notwendig, dass beide Seiten, ohne ihre eigene Sichtweise aufzugeben, versuchen, das Narrativ des jeweils anderen zu verstehen. Nur dann ist Versöhnung möglich. Vom eigenen Narrativ Abstand zu nehmen, kann jedoch ein sehr großes Opfer bedeuten. Und deshalb gelingt es nur selten.

Das einseitige Festhalten am eigenen Narrativ, ohne das andere zumindest wahrzunehmen, hat aber oft zu Kriegen geführt, die letzten Endes noch viel größere Opfer verlangten.

O

Oesterreich

Die jüdische Gemeinde ist heute in Österreich unvergleichlich kleiner als vor der Schoah. Im Jahr 1923 lebten in Österreich beispielsweise rund 220.000 Juden, davon die überwiegende Mehrheit, nämlich etwa 200.000, in Wien. Aber selbst in kleinen Gemeinden gab es vor der Schoah einen relevanten jüdischen Bevölkerungsanteil. So lebten etwa im burgenländischen Mattersburg laut Bevölkerungszählung immerhin 577 Juden, im niederösterreichischen Hollabrunn 418.

Heute geht die Kultusgemeinde von etwa 15.000 Juden aus, die in Wien leben. In den Bundesländern gibt es vielerorts gar keine jüdische Bevölkerung mehr, und wenn doch, dann kann man sie oft an einer Hand abzählen. Geblieben sind von den Juden in vielen ländlichen Gemeinden nur die Friedhöfe.

Dass wir heute weniger sind, bedeutet aber zum Glück nicht, dass wir weniger mit unserer Religion und der jüdischen Gemeinde verbunden sind. Davon erzählt die folgende wahre Geschichte:

Heute befindet sich in Wien die gesamte Kultusgemeinde inklusive aller Büros und der Synagoge in der Seitenstettengasse 2 und 4. Bis vor 20 Jahren war das aber noch nicht so. Damals gab es zusätzlich Büros im 19. Bezirk und in dem Gebäude in der Seitenstettengasse wohnten neben der Synagoge ein paar jüdische Privatmieter.

Als die Büros im 19. Bezirk schließlich aufgelassen wurden, brauchte man in der Seitenstettengasse mehr Platz, daher wollte man die Bewohner dazu bewegen, auszuziehen. Man hatte ihnen sogar bessere Wohnungen angeboten und bis auf eine alte Dame waren auch tatsächlich alle Mieter bereitwillig ausgezogen.

Aber diese alte Dame weigerte sich, sie wollte bleiben, wo sie war, und es kann einem dazu der Psalm „Ich möchte gerne ‚im Hause des Ewigen' wohnen" in den Sinn kommen.

Schließlich erklärte sich die Dame sogar dazu bereit, jeden Tag ab 20 Uhr im Haus eingesperrt zu werden, da das gesamte Gebäude um diese Uhrzeit aus Sicherheitsgründen versperrt wurde. Vielleicht hatte man geglaubt, dass ihr das doch zu mühsam würde, aber sie sagte: „Das ist mir egal, ich ziehe hier nicht weg!"

Sie war damals etwa 85 Jahre alt und wohnte dann tatsächlich noch zwei, drei Jahre im Haus der Synagoge, bevor sie verstarb. Ich sprach damals bei ihrem Begräbnis und bekundete dort, dass es schön wäre, wenn viele Leute sich der Synagoge so nahe fühlen würden wie sie.

Orthodox

Zu Zeiten der Sowjetunion gab es immer wieder größere jüdische Auswanderungswellen nach Israel.

Die betroffenen Juden mussten auf die sowjetische Staatsbürgerschaft verzichten und nach Israel gehen, der Sowjetunion war es sehr recht, sie auf diesem Weg loszuwerden.

Ein solcher russischer Jude, der gerade frisch nach Israel ausgewandert ist, setzt sich in eine orthodoxe Synagoge, in der zwischen dem Nachmittags- und dem Abendgebet immer eine Stunde Tora gelernt wird. Das geschieht natürlich auf Hebräisch und der Rabbiner, der das neue Gesicht zum ersten Mal sieht, spricht den Juden an, nur um festzustellen, dass dieser kein Wort Hebräisch versteht. Da der Rabbiner selbst russische Wurzeln hat, fragt er den Neuling auf Russisch: „Verstehst du überhaupt, was wir hier lernen?“

„Nein, ich verstehe kein Wort.“

„Schön, dass du trotzdem da bist, vielleicht lernst du ja ein bisschen Hebräisch dabei, aber sag mir – warum setzt du dich zu uns, wenn du nichts verstehst?“

„Das will ich dir erklären“, sagt der andere. „Als ich noch in der Sowjetunion gelebt habe, bin ich in St. Petersburg in ein Kaffeehaus gegangen. Ich hab gerade erst bestellt, da wird das Kaffeehaus von KGB-Leuten gestürmt, die mich und alle anderen dort verhaften. Ich hab im Gefängnis gefragt, warum sie dies getan haben, und sie haben geantwortet, dass dieses Kaffeehaus ein ganz berühmter Treff von Aufwieglern sei und man mich ins Gefängnis werfen werde, weil ich zu denen gehöre. Erst nach einigen Wochen habe ich beweisen können, dass ich mit dieser Angelegenheit gar nichts zu tun habe, und ich wurde schließlich freigelassen.“

„Schön und gut“, sagt der Rabbi, „aber was hat das damit zu tun, dass du zum Lernen kommst, obwohl du kein Wort verstehst?“

„Ganz einfach“, antwortet der russische Jude, „damals habe ich gelernt, dass man dort dazugehört, wo man sich dazusetzt. Und ich will jetzt zu euch dazugehören.“

Wir Juden lernen nicht nur aus biblischen Geboten, wie die Welt funktioniert, sondern auch aus Anekdoten wie dieser. Chochmeh ist der hebräische Ausdruck für solche weisen Geschichten.

P

Purim-Fest

Schon im Talmud heißt es: „Wenn jemand etwas berichtet und den Namen dessen erwähnt, von dem er es gehört hat, dann bringt er Erlösung auf die Welt."

Erlösung? Das klingt doch etwas übertrieben. Aber wenn wir uns die Geschichte des Purim-Fests vergegenwärtigen, verstehen wir vielleicht besser, warum von Erlösung die Rede ist.

Der höchste Regierungsbeamte des Persischen Königs Achaschwerosch hieß Haman. Er hatte von allen Untertanen verlangt, sich vor ihm auf den Boden zu werfen. Der Jude Mordechai jedoch weigerte sich, das zu tun, mit der Begründung, dass er sich nur vor Gott, aber nicht vor einem Menschen niederwerfen werde – und auch das nur einmal im Jahr, zu Jom Kippur.

Daraufhin wurde Haman sehr zornig und beschloss, Mordechai zum Tode verurteilen zu lassen. Diese Reaktion ist für einen mächtigen Mann der damaligen Zeit nicht ungewöhnlich. Aber Haman war das noch nicht genug, und er ließ sich vom König die Erlaubnis erteilen, nicht nur Mordechai aufzuknüpfen, sondern gleich alle Juden in einem Pogrom zu ermorden.

Nun war es allerdings so, dass die Frau des Königs ebenfalls Jüdin war. Sie hieß Esther und war die Nichte jenes Mordechai, der vor Haman nicht auf die Knie gegangen war. Esther erfuhr von dem geplanten Massenmord an den Juden und bat ihren Mann, den König, daraufhin, dieses Pogrom abzusagen.

Der König aber antwortete Esther: „Es tut mir leid, liebe Gattin, aber nicht einmal der König kann eine Anordnung, die er selbst mit seinem Siegelring gestempelt hat, wieder rückgängig machen.“ Diese Begründung klingt natürlich etwas unlogisch, aber vielleicht war es dem König einfach unangenehm, einen Fehler zuzugeben, und so wichtig waren ihm die Juden offenbar auch nicht.

Trotzdem konnte Esther aber zumindest erwirken, dass die Juden das Recht erhielten, sich zu verteidigen. Das war immerhin etwas. Die Juden im Perserreich bewaffneten sich also rechtzeitig bis an die Zähne und so konnten sie das Pogrom an ihrem Volk verhindern und den Kampf gegen die Anhänger des Haman gewinnen.

Dieser Sieg wird zum Purim-Fest von uns Juden gefeiert. Uns nicht so wohlgesonnene Menschen behaupten gerne, wir würden an diesem Datum feiern, dass wir ein Pogrom an den anderen begangen haben, aber das ist so nun wirklich nicht richtig.

Und was hat das jetzt alles mit dem Copyright und der „Erlösung“ zu tun, die laut Talmud derjenige auf die Welt bringt, der etwas berichtet und den Namen dessen erwähnt, von dem er es gehört hat?

Eine Weile vor dem verhinderten Pogrom belauschte Mordechai, der regelmäßig zum Palast kam, um seine Nichte zu sehen, wie zwei hohe Bedienstete darüber miteinander flüsterten, dass sie den König vergiften wollten. Mordechai konnte nicht selbst zum König gehen, um ihn zu warnen, denn man hätte ihm keine solche Audienz gewährt. Aber es gelang ihm, mit seiner Nichte Esther zu sprechen, und er erzählte ihr von dem geplanten Mordkomplott gegen ihren Mann, den König.

Esther gab die Information an diesen weiter, nicht ohne darauf hinzuweisen, dass sie diese vom Juden Mordechai erhalten habe. Der König ließ die beiden Attentäter verhaften, und es wurde tatsächlich eine Giftphiole bei ihnen gefunden, die ihre Schuld bewies. Natürlich hat man damals mit den beiden einfach kurzen Prozess gemacht und das Leben des Königs war gerettet.

Nun besaß der König eine Chronik, die von seinen Geschichtsschreibern laufend auf den aktuellen Stand gebracht wurde. Als er einmal nicht schlafen konnte, ließ er sich dieses kostbare Buch bringen und wurde daran erinnert, dass er sein Leben dem Mordechai verdankte.

„Und, haben wir ihn dafür schon belohnt?", wollte der König von seinen Beratern wissen.

„Wir haben ihn nicht belohnt, eure Majestät", lautete die Antwort.

Am nächsten Tag kam Haman, der bereits den Plan für das Pogrom hegte, sich zunächst einmal aber vom König den Befehl zur Hinrichtung Mordechais abholen wollte, zur Audienz.

„Du kommst mir wie gerufen, Haman", sagte der König. „Sag mir, wie soll ich jemanden belohnen, der etwas ganz Besonderes für den König getan hat?“

Der Bösewicht Haman glaubte natürlich, dass er selbst damit gemeint wäre, und überlegte, was er beim König für sich Besonderes herausschlagen könnte. Also sprach er: „Eure Majestät sollte diesem Mann ein königliches Gewand anziehen, ihn mit einem Pferd durch die Stadt reiten lassen, und vor dem Pferd sollte ein Minister des Königs laufen und ausrufen: So geschieht es jenem, den der König belohnen will!“

„Haman, das ist eine hervorragende Idee“, antwortete Achaschwerosch, „das machen wir! Geh also zu Mordechai, zieh ihm das königliche Gewand an, gib ihm ein königliches Pferd, und du selbst laufe vor ihm durch die Stadt und ruf das aus, was du so weise vorgeschlagen hast.“

Das war für Haman natürlich ein schwerer Schlag, denn jetzt musste er denjenigen als Held auf dem Pferd durch die Stadt geleiten, dessen Tod er eigentlich hatte erwirken wollen.

Der Talmud aber entnimmt dieser Geschichte die Weisheit: Wenn jemand, wie Esther, etwas erzählt und dabei die Quelle, in diesem Fall Mordechai, angibt, aus der er es hat, dann kann das die schönsten Ergebnisse und manchmal sogar Erlösung bringen. (Dass es sich mit chassidischen Geschichten in diesem Punkt anders verhält, können Sie im nächsten Kapitel unter Q wie Quelle nachlesen.)

Vielleicht sollte man diese Geschichte heute einmal den Ministern und anderen honorigen Persönlichkeiten vorlesen, die in den vergangenen Jahren über

Plagiatsaffären und nicht korrekt angegebene Quellen in ihren wissenschaftlichen Arbeiten gestolpert sind.

Das Purim-Fest ist für uns Juden ein ganz besonderes Fest, weil man dann Dinge tun darf, die man normalerweise nicht darf. Zum Beispiel darf und soll man sich verkleiden, was Purim zu einer Art jüdischem Faschingsfest macht.

Außerdem darf man zu diesem Fest nicht nur Alkohol trinken, man soll sogar so viel trinken, dass man nicht mehr ganz klar im Kopf ist, sagt der Talmud. Typisch für die jüdische Einstellung, alles genau wissen zu wollen, fragen die Rabbiner: Wie viel soll man trinken? Der Talmud sagt: Man soll so viel trinken, dass man praktisch nicht mehr zwischen Mordechai und Haman unterscheiden kann.

Aber wie erreicht man diesen Status? Manche Chassidim, die auch unter dem Jahr Alkohol in Maßen trinken, besaufen sich zu Purim so richtig, weil sie dann in einem Zustand sind, in dem sie nicht mehr zwischen dem Bösewicht und dem Gerechten unterscheiden können.

Für Juden, die das nicht so gerne machen wollen, gibt es aber einen sehr schönen Trick: Sie können ein klein wenig Alkohol trinken, sich dann niederlegen und ein paar Minuten schlafen. Denn der Schlaf gilt als die Zeit, in der man nicht mehr ganz klar im Kopf war – und nachdem man wieder aufgewacht ist, hat man das Gebot erfüllt und muss nicht mehr weitertrinken.

Was außerdem unbedingt zum Purim-Fest gehört, ist das Ausbuhen des Bösewichts Haman, während die Geschichte, die ich oben erzählt habe, in der Synagoge verlesen wird. Dazu nehmen alle Juden Ratschen mit in die Synagoge. Jedes Mal, wenn bei der Lesung dann der Name Haman fällt, wird geratscht, gebuht und geschimpft. Dadurch dauert das Vorlesen viel länger, weil der Vorleser warten muss, bis sich die Schmählaute wieder gelegt haben, bevor er weiterliest.

Weil das mit der Zeit, nach Art eines Fußballstadions, ein wenig ausgeartet ist, haben wir uns in der Wiener Synagoge eine Ampel aufgestellt, mit der wir den Leuten signalisieren können, wann es Zeit zum Buhen und Ratschen und wann es dann auch wieder genug ist. Diese Ampel ist von den Wiener Verkehrsbetrieben und echt. Schalte ich die Ampel während der Lesung auf Grün, dann können alle wie verrückt Lärm machen, schalte ich aber auf Rot, muss wieder Ruhe einkehren. Das funktioniert meistens. Und es ist notwendig, denn der Name Haman kommt in dieser Geschichte fast hundertmal vor!

Vor kurzem war ich vor dem Purim-Fest in Israel und lernte dort einen Mann kennen, der mir erzählte, dass er sich vor dem Purim-Fest sehr fürchtet und nie in die Synagoge geht.

„Wieso?“, fragte ich ihn, „Purim ist doch ein lustiges Fest.“

Und er antwortete: „Ich wurde in einem der Kriege in Israel verwundet. Gott sei Dank sind meine physischen Schmerzen geheilt. Aber ich habe noch immer eine Heidenangst, wenn ich Schüsse oder Detonationen

P

höre. Dann verstecke ich mich in meinem Zimmer und halte mir die Ohren zu."

Am Purim – vergleichbar mit der Silvesterfeier – werden oft Böller geworfen und laute Raketen abgefeuert. Da blieb er deshalb lieber zu Hause.

In der Schoah und in allen Kriegen sind sehr viele Menschen getötet worden und man gedenkt ihrer auf verschiedene Weise. Nicht weniger wichtig ist es aber, die „Survivors" mit ihren Schmerz- und Angstzuständen nicht zu vergessen (siehe S wie Survivor).

Q

Quelle

Chassidische Geschichten haben so wie Volkslieder kein Copyright. Wenn jemand mich lobt: „Herr Eisenberg, die Geschichte, die Sie schreiben, habe ich noch nie gehört!", dann freue ich mich.

Wenn er oder sie aber sagt: „Die Geschichte kenn ich längst, sie steht bei Martin Buber, bei Eli Wiesel oder Salcia Landmann!", dann sage ich bloß: „Erstens beweist die Tatsache, dass die anderen das auch geschrieben haben, dass es eine super Geschichte ist. Und zweitens erzähle ich sie besser."

Und bescheiden bin ich außerdem.

R

Recht

Sogar ein Rabbiner, der mit jemandem einen Rechtsstreit hat, geht mit dem Kontrahenten zu einem anderen Rabbiner. So war es zumindest früher üblich, als viele Juden ihre Rechtsstreitigkeiten eher von Rabbinatsgerichten als von weltlichen Gerichten entscheiden ließen.

Um die folgende Geschichte leichter zu verstehen, weisen wir den beteiligten Personen Buchstaben zu, damit wir sie nicht durcheinanderbringen.

Einmal hatte der Rabbiner A mit dem Nichtrabbiner B einen Rechtsstreit. Sie gingen zum Oberrabbiner C und trugen dort beide ihre jeweilige Sicht auf den Konflikt vor. Darauf sagte der Oberrabbiner C: „Ich kann das jetzt nicht entscheiden, kommt in einer Woche wieder."

Während dieser Woche wurde auch dem Rabbiner A ein Rechtsstreit vorgelegt, in dem es um einen Konflikt zwischen den Herren D und E ging. Ohne sich lange damit aufzuhalten, entschied der Rabbiner A, dass Herr E Recht hatte.

Nach einer Woche ging A dann wieder zum Oberrabbiner C und fragte ihn: „Eine Woche ist vergangen, was ist Ihre Entscheidung in meiner Sache?"

Darauf antwortete C: „Bevor wir darüber reden: Ich habe gehört, dass Sie selbst kürzlich einen sehr interessanten Rechtsfall entschieden haben. Erzählen Sie mir doch bitte davon!“

Der Rabbiner A erzählte dem Oberrabbiner C also von dem Fall, den er gerade selbst entschieden hatte.

„Und“, fragte C, „kommt Ihnen das nicht bekannt vor?“

„Moment, Moment“, dämmerte es A, „das ist ja eigentlich ganz ähnlich wie mein eigener Fall.“

„Und wie haben Sie entschieden?“, wollte C wissen.

„Ich habe gesagt, E hat Recht.“

„Im Vergleich zu Ihrem Streit, wer hätte da dann Recht?“, fragte C weiter.

„Der andere“, gab der Rabbiner A zerknirscht zu.

Darauf deckte der Oberrabbiner C den Hintergrund der Sache auf: „Ich habe diesen Rechtsstreit erfunden und die zwei Leute zu Ihnen geschickt. Ich wusste gleich, dass Sie im Unrecht waren, wollte Sie aber durch mein Urteil nicht beschämen. Deshalb habe ich Sie selbst entscheiden lassen, wer in Ihrer Sache Recht hat.“

Jemand hat mir einmal von einer recht überraschenden Entscheidung eines berühmten Rabbiners berichtet. Laut Tora ist es eindeutig verboten, einen Richter zu bestechen. Dieses Verbot gilt sowohl für den Bestecher als auch für den, der die Bestechung annimmt.

Der erwähnte Rabbiner soll aber gesagt haben, dass wenn ein Jude und ein Nichtjude einander in einem weltlichen Prozess gegenüberstehen und der Richter ebenfalls Nichtjude ist, es zulässig wäre, den Richter zu bestechen.

Wie kann das sein? Die Antwort des Rabbiners darauf war, dass im beschriebenen Fall der nichtjüdische Richter normalerweise die Tendenz haben wird, dem Nichtjuden auf alle Fälle Recht zu geben. Die Bestechung würde in diesem Fall also nur dazu dienen, aus den bestehenden unfairen wieder fairere Verhältnisse zu machen.

Ich bin mir bis heute nicht sicher, ob es sich dabei um einen Witz oder um eine wahre Geschichte handelt. Aber sagen wir einmal, ein Körnchen Wahrheit könnte darin schon stecken.

In der Bibel steht jedenfalls, dass Bestechung verboten ist, weil sie die Augen des Richters in falscher Weise beeinflussen wird. Dazu gibt es eine merkwürdige Geschichte. Ein Richter sollte einen Fall entscheiden, aber es war ihm bereits am ersten Prozesstag völlig klar: Die Prozesspartei A war eindeutig im Recht. Jedoch war die Beweiswürdigung noch nicht abgeschlossen.

Am nächsten Tag bemerkte der Richter irritiert, dass sich sein Blick auf den Fall verändert hatte, obwohl die Sachlage die gleiche geblieben war. Jetzt aber war er sich nicht mehr so sicher, sondern tendierte sogar dazu, der Prozesspartei B Recht zu geben.

Wie er am Abend des zweiten Tages noch darüber nachgrübelte, warum sich sein Urteil so gewandelt hatte, fand er in seinem in der Garderobe hängenden Mantel unerwartet ein Kuvert mit Bestechungsgeld, das ihm die Prozesspartei B zugesteckt hatte. Da wurde dem Richter plötzlich klar, was geschehen war: Allein die Tatsache des Bestechungsversuchs hatte seine Urteilsfähigkeit benebelt – obwohl er noch gar nichts davon gewusst hatte.

Reichtum

Antisemiten behaupten ja gerne, dass alle oder die meisten Juden reich wären. Das ist natürlich völliger Blödsinn, es gibt viele arme Juden und auch sehr viele, die wie die meisten Menschen finanziell irgendwo im Mittelfeld liegen.

In den USA gibt es nicht zuletzt auch viele sehr wohlhabende christliche Menschen, die mit Juden lieber so wenig wie möglich zu tun haben wollen. Diese schicken ihre Kinder dann in eigene Schulen für ein wenig hochnäsige WASPs, wie die White Anglo-Saxon Protestants abgekürzt werden.

In einer solchen Schule für reiche junge Mädchen gibt es einen Maturaball, aber für den Tanz fehlen die Männer. Nicht weit von dieser Schule befindet sich eine Militärbasis. Deshalb ruft die Schulleiterin dort an und bittet darum, man möge ihr für den Ball doch ein Dutzend weißgekleideter, eleganter Kadetten als Tanzpartner für die Mädchen schicken. „Aber bitte keine Juden", fügt sie noch leise hinzu.

Es kommt der Tag des Abschlussballs, die Mädchen und die Schulleiterin sind schon sehr aufgeregt und haben sich schön herausgeputzt. Schließlich läutet es an der Tür der Schule, und als die Direktorin aufmacht, steht dort ein Dutzend afroamerikanischer Kadetten, elegant in weiße Uniformen gekleidet.

Die Direktorin ist ganz verstört und ruft aus: „Aber das muss ein Irrtum sein!“ Worauf ihr einer der Kadetten lächelnd antwortet: „Verzeihen Sie, Madame, aber Leutnant Goldstein irrt sich nie.“

Die Relativität (und auch die beginnt mit R) des Reichtums lässt sich auch an einer anderen lehrreichen Geschichte gut demonstrieren:

Ein armer Jude musste die Hochzeit seiner Tochter finanzieren, ihm fehlten aber noch 1.000 Rubel. Als er seinem Rabbiner davon erzählte, gab dieser ihm jedoch entgegen seiner Erwartungen kein Geld, sondern lediglich einen Rat: „Das erste Geschäft, das man dir anbietet, sollst du machen.“

Enttäuscht verließ der arme Jude den Rabbi wieder, da begegnete er einem reichen Mann, der ihm im Spaß ein Geschäft vorschlug. Der Reiche würde ihm seinen Anteil an der künftigen Welt für einen Rubel verkaufen. Der Arme hatte gerade noch diesen einen Rubel, aber er erinnerte sich an den Rat des Rabbis, das erste Geschäft, das man ihm anbot, einzugehen.

Als der Reiche nach Hause kam, erzählte er seiner Frau im Spaß, dass er gerade ein „großartiges Geschäft“ gemacht hatte.

„Wie das?“, fragte die Ehefrau des reichen Mannes.

„Naja, ich bin auf der Straße so einem lumpigen Typen begegnet, der mir meinen Anteil an der künftigen Welt für einen Rubel abgekauft hat.“

„Was?“, rief die Frau. „Dann müssen wir jetzt gleich zum Rabbiner gehen, damit er uns scheiden lässt.“

Der Mann glaubte, nicht richtig gehört zu haben. „Was, warum willst du dich von mir scheiden lassen? Bist du verrückt geworden?“

„Mit einem Mann, der nicht einmal einen Anteil an der künftigen Welt hat, will ich keine Sekunde mehr zusammenleben“, antwortete die Frau. „Also entweder du suchst jetzt den, dem du deinen Anteil verkauft hast und kaufst diesen sofort zurück, oder wir gehen direkt zum Rabbiner, um uns scheiden zu lassen.“

Da verstand der reiche Mann, dass seine Frau es ernst meinte, und machte sich auf den Weg, um den Mann, dem er seinen Anteil verkauft hatte, zu suchen. Zum Glück fand er ihn noch auf dem Weg, wo sie einander getroffen hatten.

„Gott sei Dank finde ich Sie!“, rief der Reiche aus. „Sie müssen mir meinen Anteil an der künftigen Welt unbedingt zurückverkaufen. Ich gebe Ihnen sogar zehn Rubel dafür.“

Der andere aber wollte davon nichts wissen, stellte sich stur und trieb den Preis bis auf die 1.000 Rubel hinauf, die er für die Hochzeit seiner Tochter brauchte. Der reiche Mann bezahlte und konnte seine Frau nun beruhigen, dass er seinen Anteil wieder zurückgekauft hatte. Ob er ihr auch sagte, wie viel der Rückkauf gekostet hatte, lassen wir einmal offen.

Ein anderer Rabbi, der diese Geschichte gehört hatte, gab eine kluge Deutung: „Es ist alles genau so passiert, wie es sein soll. Als der Reiche seinen Anteil an der künftigen Welt für einen Rubel verkauft hat, da war er nicht nur in seinen Augen, sondern auch wirklich nicht mehr wert als einen Rubel. Als er aber bereit war, 1.000 Rubel zu zahlen, um seinen Anteil zurückzukaufen und mit seiner Frau in Frieden leben zu können, war er vielleicht sogar viel mehr wert als diese 1.000 Rubel."

R

S

Schabbat

Der Schabbat ist für uns Juden ein heiliger Tag, an dem wir ruhen, so wie Gott am siebten Tag ruhte, nachdem er an den sechs vorherigen Tagen die Welt erschaffen hatte.

Bei den Christen gibt es die Sonntagsruhe, auch sie ist wie der Schabbat mit einem Arbeitsverbot verbunden. Aber bei uns Juden gehen die Regeln für den Schabbat, auf Jiddisch „Schabbes", weit darüber hinaus.

Was darf man am Schabbat also nicht tun? Man darf zum Beispiel kein Feuer machen und man darf nicht kochen. Also kocht man stattdessen am Freitag und hält das Essen dann auf einer Platte warm, denn das gilt nicht als Kochen. Damit man sich auch Kaffee oder Tee machen kann, gibt es eigene Schabbat-Wasserkocher, ich besitze selbst so einen: Auch da wird das Wasser schon am Freitag abgekocht und danach nur noch auf der gewünschten Temperatur warmgehalten.

Weil man am Schabbat auch kein elektrisches Licht einschalten soll, gibt es seit circa 50 Jahren Schabbat-Zeitschaltuhren, bei denen man vorprogrammieren kann, wann das Licht angehen und wann es wieder ausgehen soll. Bevor es solche Wunderwerke der Technik gegeben hat, haben viele Juden das Licht am Freitag eingeschaltet und es dann den ganzen Samstag brennen lassen – das war natürlich eine ziemliche Stromverschwendung. Ein kleiner Trick ist auch, wenn Gäste kommen, von denen man weiß, dass sie nicht loszuwerden sind, die Schaltuhr im Speisezimmer so einzustellen, dass das Licht um halb elf ausgeht. Besonders hartnäckige Besucher haben aber dann zu mir gesagt: „Es ist so spirituell, bei Ihnen im Dunkeln zu sitzen."

Sogar für Kühlschränke gibt es eine eigene Schabbat-Funktion: Denn wenn man den Kühlschrank öffnet, dann geht ja normalerweise drinnen eine kleine Lampe an, und das würde dem Einschalten von elektrischem Licht gleichkommen. Damit man sich am Schabbat trotzdem etwas aus dem Kühlschrank nehmen darf, haben viele moderne Kühlschränke ein elektronisches Menü, über das man die Lampe deaktivieren kann. Musste man früher am Freitag die kleine Glühbirne aus dem Fridgidaire schrauben, lässt sich das heute alles elektronisch programmieren. So bewahrheitet sich das Wort eines Rabbis: Alle technischen Errungenschaften sind eigentlich dazu da, uns Juden das Leben zu verschönern.

Nu, und was darf und soll man dann am Schabbat tun? Man darf und soll in die Synagoge gehen und danach mit Familie und Freunden gemeinsam feiern und singen. Am Freitagabend begrüßt man den Schabbat vor dem Abendessen mit einem Segen, noch davor begrüßt man Engel, die spirituell an diesem Abend teilnehmen, und liest ein Lied des König Salomo zu Ehren der Frau.

Es war einmal ein ganz berühmter Rabbiner, der zum Schabbat bei einer frommen Familie eingeladen war. Zur Verwunderung aller sprach der Rabbi an diesem Abend vor dem Essen überhaupt keine Gebete, begnügte sich mit dem Kiddusch, dem kurzen Segen. Danach beendete er auch die Mahlzeit sehr schnell und ließ nicht zu, dass die üblichen Schabbat-Lieder gesungen wurden.

Die Familie, die ihn eigeladen hatte, war sehr enttäuscht. So ein berühmter Rabbi, und dann machte er alles so schnell und lieblos! Aber der Rabbi löste das Rätsel bald auf.

Als das Abendessen schnell wieder vorbei war, rief der Rabbi die Köchin der Familie aus der Küche herein und sagte zu ihr: „Du kannst jetzt schon nach Hause gehen." Die Frau bedankte sich überschwänglich beim Rabbi, denn sie war eine jüdische Witwe, auf die die Kinder bereits zu Hause warteten, und ging heim. Und weil der Rabbi nicht wollte, dass auf Kosten dieser Frau lange, fromme Lieder gesungen würden, hatte er die ganze Prozedur abgekürzt – ohne die Regeln des Schabbat dabei aber zu brechen.

Als die Köchin gegangen war, wandte sich der Rabbi an die Familie und sagte: „Jetzt werden wir all die Gebet sprechen und Lieder nachholen, die wir vorher sprechen und singen wollten und sollten. Jetzt können wir noch stundenlang über die Tora diskutieren."

So hatte der berühmte Rabbi also gerade dadurch, dass er scheinbar alles falsch gemacht hatte, alles genau richtig gemacht.

Survivor

Unter der jüdischen Bevölkerung der verschiedensten Länder hat sich im Laufe der Zeit ein englischsprachiger Begriff durchgesetzt: der Begriff Survivor, auf Deutsch Überlebender. Wir meinen damit meist Juden, aber nicht nur, die die Schoah am eigenen Leib erlitten, oft viele Verwandte verloren, aber selbst überlebt haben. Ich habe solche Survivors erlebt, die sogar Gewissensbisse hatten und sich gefragt haben, warum gerade sie überlebt hatten, wenn andere, in ihren Augen Wertvollere, ermordet wurden.

Solche Survivors tragen ihr Schicksal auch Jahrzehnte später mit sich. Heute, fast 75 Jahre nach dem Ende der Schoah, gibt es nicht mehr viele solche Zeitzeugen. Aber für die Kinder von Überlebenden der Schoah hat sich in der Wissenschaft der Begriff „Second Generation Survivors" entwickelt.

Im Laufe der Zeit habe ich verstanden, dass der Begriff Survivors nicht nur Überlebende des Holocaust bezeichnen kann, sondern zum Beispiel auch Menschen, die einen Tsunami überlebt oder sich bei 9/11 in den Twin Towers befunden haben und ihr Leben gerade noch retten konnten.

Vor kurzem habe ich diesen Begriff in einem weiteren Zusammenhang gehört: Frauen, die einen sexuellen Übergriff erlebt hatten und ihn im Zuge der #MeToo-Bewegung öffentlich machten, bezeichneten sich selbst nun ebenfalls als Survivors.

Ganz einverstanden oder gar glücklich bin ich mit der Verwendung des Begriffes in diesem Kontext keinesfalls, aber ich fühle mich auch nicht berufen, dies zu verurteilen.

Segenssprüche

Wenn wir etwas essen, dann sollen wir uns daran erinnern, so die jüdische Lehre, dass das nicht von irgendwoher kommt, auch nicht aus dem Supermarkt, sondern letzten Endes vom lieben Gott. Gemeint ist damit, dass auch der Bauer, der das ganze Jahr arbeitet und dann seinen Weizen erntet, nie vergessen darf, dass wenn der liebe Gott es nicht regnen lässt, er keine Ernte wird einfahren können.

Und wie dankt man dem lieben Gott dafür? Indem man einen Segensspruch spricht – auf Hebräisch heißt das „Bracha" –, bevor man isst: „Gelobt seist du, ewiger Gott, König der Welt, der du Brot aus der Erde sprießen lässt."

Eigene Segensprüche gibt es auch für Baumfrüchte, Erdfrüchte oder zum Beispiel auch für Kuchen: „… der du süße gebackene Speisen schaffst."

S

Und dann gibt es natürlich auch einen eigenen Segensspruch für Wein, denn Wein ist ein ganz wichtiges Getränk.

Was aber, wenn wir etwas trinken oder essen, was nicht in diese Kategorien passt? Auch dafür gibt es einen eigenen Segensspruch, er lautet: „Wir danken dir, Ewiger, der du alles geschaffen hast."

Das ist sozusagen der Segensspruch, mit dem man immer, auch bei Coca-Cola, Eiscreme und anderen modernen Errungenschaften, auf der sicheren Seite ist.

Damit es mit den Sprüchen nicht zu kompliziert wird, gibt es eine Regel: Wenn man eine große Mahlzeit mit vielen unterschiedlichen Speisen isst, dann muss man nicht für jede verschiedene Speise den richtigen Spruch sagen. Man käme ja sonst vor lauter Dank gar nicht mehr zum Essen.

Also sagen wir in diesem Fall: „Wir danken dir, Gott, dass du das Brot geschaffen hast", und essen ein Stück Brot. Und da sogar die Christen im „Vater Unser" sagen: „Unser tägliches Brot gib uns heute", und damit „unsere Lebensmittel" meinen, gilt das Brot als Überbegriff für alle Speisen.

Das geht aber nur, wenn man mit dem Brot anfängt! Hat man kein Brot, dann ist es schwieriger, dann muss man tatsächlich für jede Speise den richtigen Spruch parat haben.

Das klingt jetzt vielleicht alles ein bisschen kompliziert. Aber im Talmud steht, dass wenn jemand isst, ohne einen Segensspruch zu sagen, er wie ein Dieb ist, der vom lieben Gott stiehlt. Denn da der Ewige die Speisen geschaffen hat, gehören sie eigentlich ihm. Wenn wir etwas essen, dann müssen wir anerkennen, dass wir dem lieben Gott dafür Dankbarkeit schulden.

S

Dazu, wie dieser Brauch entstanden ist, gibt es eine sehr interessante Geschichte. Der Talmud berichtet nämlich von zwei Psalmenversen, die einander scheinbar widersprechen. In einem der beiden heißt es: „Der

Himmel und die Erde gehören dem lieben Gott", und im anderen: „Der Himmel gehört dem lieben Gott, und die Erde hat er uns gegeben."

Also wem gehört die Erde nun? Wie lässt sich dieser Widerspruch auflösen?

Genau da helfen die Segenssprüche. Solange wir noch keinen Segensspruch gesagt haben, gehört auch die Erde mit all ihren Lebensmitteln dem lieben Gott. Sprechen wir aber den richtigen Segensspruch, dann tritt der zweite Psalm in Kraft, weil wir mit dem Spruch gleichsam dafür bezahlt haben.

Ein chassidischer Rabbi bietet zu diesen zwei Psalmen aber noch eine andere sehr schöne Interpretation an. Er sagt, auch wenn der Himmel Gott und die Erde uns gehört, so ist es doch unsere Aufgabe, die Erde zum Himmel zu machen – wodurch sie dann ebenfalls wieder zu Gottes Reich wird. Somit stellen der erste und der zweite Spruch doch keinen Widerspruch mehr dar.

Selbstkritik

Der heilige Rebbe Meir aus Premishlan erzählte gerne die folgende Geschichte über den berühmten Rabbi Schimschon, auf Deutsch Samson Wertheimer, der im 17. und 18. Jahrhundert gelebt hat – ich glaube in Eisenstadt. Manche sagen, dass es sich bei dieser Geschichte um eine Art Legende handelt, auch wenn die Existenz der darin vorkommenden Personen historisch verbrieft ist:

Rabbi Samson war ein enger Berater des Kaisers Leopold I. Eines Tages fragte der Kaiser den Rabbi, warum die Juden seit so vielen Jahrhunderten im Exil lebten und welche Sünden verursacht hätten, dass sie immer noch nicht erlöst worden seien.

Der Rabbi Samson antwortete, dass Neid und grundloser Hass unter den Juden der Grund dafür sei, dass der Messias noch nicht gekommen war. Von dieser Antwort war der Kaiser allerdings enttäuscht. Und er wunderte sich, wie eine einzige Sünde eine so schwere Strafe nach sich ziehen konnte. „Außerdem sind Juden nicht dafür bekannt, neidische oder hasserfüllte Menschen zu sein", sagte der Kaiser zu seinem Berater. „Daher", so fügte er hinzu, „gebe ich dir eine Woche Zeit, eine bessere Antwort auf meine Frage zu finden – und wenn du mir keine solche gibst, dann werde ich die Juden verfolgen lassen." – Eine Antwort, die zeigt, dass immer wenn der Rabbi nicht klug ist, es den Juden schlecht geht.

Als der Rabbi die Worte des Kaisers hörte, ging er nach Hause und betete zu Gott um Rat. Also darum, dass sich ihm die richtige Antwort auf die Frage des Kaisers im Traum erschließen möge.

Tatsächlich erschien ihm in der folgenden Nacht der Ewige und teilte ihm mit, dass er die richtige Antwort bereits gegeben habe und sie dem Kaiser gegenüber nicht zurücknehmen solle. Der Kaiser werde vom Himmel rechtzeitig erfahren, dass der Rabbi wahr gesprochen hatte.

Zwei Tage später ging der Regent mit seinen Ministern auf die Jagd. Da es mitten im Winter war, lag eine

Menge Schnee im Wald, und der Kaiser verlief sich bei der Verfolgung eines der wilden Tiere, die er schießen wollte. Seine Minister fanden den Kaiser trotz langer Suche nicht, weil dieser tiefer und tiefer in den Wald geirrt war und nach Stunden ein kleines Dorf erreicht hatte.

In dem Dorf ging der schon ziemlich verfrorene und entkräftete Kaiser von Tür zu Tür und bat um Einlass. Aber keiner seiner Untertanen erkannte ihn, aus Angst vor Räubern öffnete niemand die Tür. Da erinnerte sich der Kaiser daran, dass die Juden seiner Meinung nach mitfühlende und barmherzige Leute waren und suchte nach einem jüdischen Haus, um dort aufgenommen zu werden.

Schließlich fand er eines, klopfte und bat, eintreten zu dürfen. Der Jude, der in dem Haus wohnte, ließ den Kaiser ein, obwohl dieser nicht wie ein Kaiser aussah, und setzte ihm ein warmes Mahl zur Stärkung vor. Er versorgte den Regenten auch sonst mit allem, was dieser benötigte, obwohl der Kaiser seine Identität nicht preisgab. Am nächsten Morgen heuerte der Jude sogar auf eigene Kosten eine Kutsche für die Heimfahrt des Kaisers an, weil der Fremde, der ohne Bargeld war, versprochen hatte, ihm später alles zurückzuzahlen.

Einige Tage später schickte Kaiser Leopold einen Boten aus, der den Juden in den Palast einladen sollte. Als der Jude erschien, gab sich der Kaiser zu erkennen und fragte seinen Gastgeber, was er ihm für das Essen, die Übernachtung und die Kutschenfahrt schuldig sei und bat ihn, eine komplette Kostenaufstellung zu machen und ihm die Summe zu nennen. „Außerdem“, fügte er noch hinzu, „kannst du für deine Hilfe zusätzlich jede Summe von mir verlangen, die dir angemessen erscheint, denn du hast mir das Leben gerettet.“

Als der Jude nicht gleich antwortete, fragte der Kaiser, ob er 5.000, 10.000 oder vielleicht 100.000 Silbermünzen angemessen fände? Doch der Jude schwieg, so lange bis ihn die Minister warnten, dass, wenn er keines der Angebote annehmen würde, er nicht einmal die Kosten für Essen, Unterkunft und Kutschfahrt ersetzt bekäme.

Da antwortete der Jude: „Wenn Ihre Majestät wirklich so gnädig sein wollen, mir meinen größten Wunsch zu erfüllen, dann gewährt mir bitte das Folgende: In meinem Nachbardorf lebt ein Jude, der vom gleichen Handel lebt wie ich. Dieser kommt jede Woche in mein Dorf, um dort noch vor mir seine Waren zu verkaufen, womit er mir regelmäßig mein eigenes Geschäft zerstört. Meine Bitte lautet, dass Eure Majestät diesem Juden für immer verbieten möge, einen Fuß in mein Heimatdorf zu setzen.“

Als der Kaiser das hörte, verstand er plötzlich, dass der Rabbi ihm die Wahrheit gesagt hatte. Denn anstatt das Angebot des Kaisers anzunehmen, wollte der Jude nur, dass man einem anderen Juden schadete. Es gab also wirklich viel Neid und grundlosen Hass unter den Juden, ein möglicher Grund dafür, warum sie noch immer im Exil leben mussten.

Es gibt natürlich auch Juden (und Christen und Moslems), die ganz lieb zueinander sind. Aber der

Messias wird erst kommen, wenn alle lieb zueinander sind. Dann haben wir es verdient. Oder dann, wenn alle böse zueinander sind: Dann brauchen wir ihn am meisten.

T

Talmud

Der Talmud ist eines der wichtigsten Schriftstücke des Judentums. Dort werden zumeist Tora-Texte ausgelegt, und es geht darum, wie man die Gesetze des Ewigen aus der Tora im täglichen Leben umsetzen soll. Deshalb ist im Talmud auch besonders viel jüdische Weisheit enthalten – und die bedarf manchmal ein bisschen der Erläuterung, nicht nur für Andersgläubige.

Eine Lehre des Talmud befasst sich mit der Wichtigkeit der Wiederholung des Lehrstoffes. Im Talmud steht geschrieben: „Es ist nicht dasselbe, ob man etwas hundertmal oder hundertundeinmal lernt." Dieser Gedanke wird im Judentum sehr ernst genommen. Wenn sich zwischen diesem und meinem letzten Buch also irgendetwas wiederholen sollte, dann ist das keine Nachlässigkeit meinerseits, sondern entspringt meiner Treue dem Talmud gegenüber.

Aber Scherz beiseite: Ich halte die Idee von der Wichtigkeit der Wiederholung wirklich für einen ausgesprochen tiefen Gedanken. Eine Geschichte vermag das vielleicht noch besser zu verdeutlichen.

Es gibt Gebete, die speziell im Sommer, und solche, die speziell im Winter gebetet werden. Im Winter betet man um Regen, im Sommer nur um Tau – denn in Israel regnet es im Sommer nicht. Dann gibt es einen Feiertag, zu dem von den Sommer- auf die Wintergebete umgestellt wird. Und da kann es natürlich passieren, dass man, weil man schon von April bis September immer um Tau gebetet hat, plötzlich vergisst, ob man jetzt Tau oder Regen gesagt hat.

Dazu sagt der Talmud: Wenn du während der ersten 100 Gebete nicht sicher bist, ob du für Tau oder Regen gebetet hast, dann musst du annehmen, dass du noch nicht umgeschaltet hast. Wenn du dir aber irgendwann nach dem hundertsten Mal nicht sicher bist, dann hast du bestimmt schon richtig gebetet.

Auch das ist wieder so eine talmudische Weisheit, die gegen den sogenannten Common Sense verstößt. Denn wenn ich nach über 100 Gebeten noch nicht weiß, was ich gebetet habe, dann sollte ich doch erst recht misstrauisch werden, oder nicht? Aber die Logik des Talmud ist hier eben eine andere, tiefere, die sich gar nicht so leicht in Worte fassen lässt.

Als ich vor langer Zeit in der Talmudschule war, hat der Rabbiner häufig seine Schüler gefragt: „Habt ihr verstanden?"

Oft habe ich geantwortet: „Ja, ich hab's verstanden."

Darauf sagte er dann meistens: „Na, dann erklär's mir."

Worauf mir manchmal nichts anderes übrig blieb, als zu antworten: „Ich hab's zwar verstanden, aber ich kann's nicht erklären."

„Wenn du es nicht erklären kannst, hast du es auch nicht verstanden!", belehrte mich der Rabbiner dann jedes Mal. Also seien Sie vorsichtig, bevor Sie behaupten, Sie hätten die Geschichte mit dem hundertmal und hundertundeinmal wirklich verstanden. Ich habe Sie zwar erzählt, aber so wirklich erklären könnte ich sie trotzdem nicht.

Tora

Für uns Juden ist in religiöser Hinsicht nur jener Teil der Bibel relevant, den die Christen als Altes Testament bezeichnen. Und davon vor allem der Teil, der bei Christen als die „Fünf Bücher Moses" bekannt ist. Diese fünf Bücher sind es, die wir als Tora kennen und aus denen wir die Gebote ableiten, nach denen wir leben.

Das Neue Testament spielt für uns theologisch keine Rolle. Trotzdem gibt es dazu eine gute jüdische Geschichte:

Da wollte ein sehr reicher Jude einmal sein ganzes Geld seinem einzigen Sohn vererben. Aber bevor er ihm das noch mitteilen konnte, kam sein Sohn zu ihm und konfrontierte ihn damit, dass er beschlossen hatte, sich taufen zu lassen. Der Vater war daraufhin ganz aufgeregt und wusste nicht, was er tun sollte. Zum Glück erschien ihm in der Nacht der liebe Gott.

„Das ist gut, dass du mir erscheinst", sagte der Mann zum Ewigen, „denn ich habe große Probleme. Ich habe mein ganzes Vermögen meinem Sohn ins

Testament geschrieben, aber jetzt will er sich auf einmal taufen lassen und Christ werden, und das ist für mich schwer auszuhalten."

Darauf sagte ihm der liebe Gott: „Das verstehe ich gut, denn ich habe das gleiche Problem gehabt. Mein Sohn ist auch Christ geworden."

„Was rätst du mir also zu tun?", fragte der Vater.

„Mach es so wie ich", antwortete der Ewige, „schreib ein neues Testament."

Während es in dieser Geschichte also eine einfache Lösung gegeben hat, kann es in anderen Fällen auch zu unauflösbaren theologischen Differenzen zwischen Christen und Juden kommen. Da gab es zum Beispiel einmal einen schon sehr säkularen Juden, der seine Kinder nicht in eine jüdische, sondern in eine öffentliche Schule schickte, in der es neben Juden auch Christen, Moslems, Buddhisten und sogar Atheisten gab.

Im Religionsunterreicht dieser Schule war jede Woche ein Vertreter einer anderen Glaubensgemeinschaft zu Gast. Als einmal ein katholischer Priester den Unterricht leitete, erklärte er den Schülern das Prinzip der Dreifaltigkeit. Ich würde dieses Prinzip für Uneingeweihte an dieser Stelle gerne genauer ausführen, aber leider habe ich es selbst nie so ganz verstanden.

Jedenfalls kam der Sohn des säkularen Juden nach der Schule ganz nervös nach Hause und sagte zu seinem Vater: „Papa, ich hab das nicht ganz genau verstanden, aber der christliche Priester hat uns erklärt, dass es eigentlich drei Götter gibt."

Darauf antwortet ihm sein jüdischer Vater: „Lieber Sohn, ich kann dir versichern, dass das nicht stimmt. Wir Juden haben nämlich nur einen Gott an den wir nicht glauben.“

T

U

Upgrade

Orthodoxe Juden bilden wie gesagt nur einen kleinen Anteil aller Juden. Sie verbringen sehr viel Zeit in der Synagoge, dem jüdischen Gebetshaus, und in der Yeschiwa, dem jüdischen Lehrhaus, und weil viele von ihnen den ganzen Tag lernen, haben sie keine Zeit, Geld zu verdienen.

Aber irgendjemand muss diesen besonders frommen und gelehrten Juden natürlich Geld geben, damit sie überleben können, obwohl sie keiner Erwerbsarbeit nachgehen. Oft haben sie auch noch Frau und Kinder, wie bekommt man also genug Geld zusammen, um die alle durchzufüttern? Manchmal sind die orthodoxen Frauen Lehrerinnen an Mädchenschulen, aber das genügt meistens nicht.

Daher braucht man reiche Spender, die ihr Geld an den Leiter der Yeschiwa geben, der dieses dann an die Schüler verteilt. Deshalb pilgern die Yeschiwa-Leiter regelmäßig in die USA oder nach Europa, um bei wohlhabenden Juden Geld für ihre Schützlinge zu sammeln. Leider hat ein gewisser Wiener Oberrabbiner den schlechten Ruf, auch zu den Wohlhabenden zu gehören …

So ein Yeschiwa-Leiter, der öfters nach New York geflogen ist, hatte einen Freund, der bei der Fluglinie El Al angestellt war, deshalb wurde er für seine Flüge immer gratis in die Business-Class upgegradet, wenn dort ein Platz frei war. Als er sich einmal für einen Flug eincheckte, sagte ihm der Freund: „Tut mir leid, aber heute ist in der Business-Class nichts frei, ich kann dich diesmal nicht upgraden." Darauf sagte der Yeschiwa-Leiter: „Kein Problem, dann fliege ich halt Economy."

Er bestieg also das Flugzeug, ging durch die Business-Class des Fliegers nach hinten und sah vorne beim Vorbeigehen einen Mann, der ihm sehr bekannt vorkam. Er setzte sich auf seinen Platz in der Economy-Class und grübelte darüber nach, woher er ihn kannte. Nach dem Start des Flugzeugs kam der Mann zu ihm und sagte: „Wir kennen uns, Rabbi. Ich bin einer deiner größten Spender aus Amerika und gebe euch jedes Jahr 20.000 Dollar. Jemand hat mir aber erzählt, dass du immer Business-Class fliegst, und deshalb habe ich beschlossen, dass du in Zukunft nichts mehr von mir kriegst. Jetzt aber habe ich gesehen, dass du doch Economy fliegst, also komm morgen in New York in mein Büro, dann gebe ich dir den Scheck so wie jedes Mal."

So hat der liebe Gott also dafür gesorgt, dass der Yeschiwa-Leiter gerade an diesem Tag nicht upgegraded worden ist. Seither flog dieser aber sicherheitshalber nur mehr Economy.

Derselbe Rabbi war immer mit seinem schwarzen Rock und einem weißen Hemd unterwegs. Aber das

Hemd war nicht immer blütenweiß, auf dem Rock gab es hier und da einen Fleck und auch sein Bart war ein wenig ungepflegt.

Bei einer seiner nächsten Reisen saß er neben einer eleganten WASP-Frau. Diese rief sofort die Stewardess und sagte: „Neben diesem Mann kann ich keine zehn Stunden sitzen." An diesem Tag war aber in der Economy-Class kein anderer Platz mehr frei. Weil die Frau aber nicht aufhörte, sich zu beschweren, holte die verzweifelte Stewardess den Kapitän. Der hörte sich die Beschwerde der Dame an und suchte nach einer Lösung. Nachdem er sich in der Business-Class umgesehen hatte, kam er zurück und sagte: „Gnädige Frau, das Problem ist gelöst: Ich habe einen freien Platz in der Business-Class gefunden."

Erfreut begann die Frau, ihr Handgepäck zusammenzupacken, als der Pilot sie unterbrach: „Diesen Platz bekommt der Herr neben Ihnen."

V

Väter (und ihre weisen Sprüche)

Die „Sprüche der Väter“ sind ein wichtiger Teil des Talmud, in dem Weisheiten von verschiedenen Rabbinern von vor 2.000 Jahren enthalten sind. Zum Beispiel werden dort vier Begriffe ganz anders definiert, als wir es gewohnt sind.

Ein Weiser fragt seine Schüler: „Wer wird besonders geehrt?“

Und er antwortet selbst: „Jemand, der andere Leute ehrt.“

Das ist ein gutes Beispiel für das umgekehrte, originelle Denken, das im Talmud eine große Rolle spielt. Denn wenn man uns fragen würde, wer geehrt ist, würden wir sagen: Das ist jemand, den die Leute ehren.

Aber vielen Leuten ist Ehre so wichtig, dass sie permanent versuchen, durch ihre Taten, Worte oder sogar Angebereien Ehre zu erlangen. Ehre zu erlangen ist aber sehr schwer, die Menschen sind oft kritisch und werden jemanden möglicherweise selbst für besondere Errungenschaften nicht ehren. Wer aber andere Menschen ehrt, so erklären uns die Sprüche der Väter, auf den wird selbst Ehre zurückfallen.

In der Bibel kennen wir den Begriff der Ehre vor allem aus dem fünften Gebot: „Du sollst Vater und

Mutter ehren." Hier versucht der Talmud zu erklären, was das eigentlich konkret bedeutet. Wie ehrt man seine Eltern?

Der Talmud sagt, wir sollen unsere Eltern, wenn sie älter werden, betreuen. Wenn sie nicht mehr alleine essen können, sollen wir sie füttern, und wenn sie sich nicht mehr alleine anziehen können, sollen wir ihnen auch dabei helfen.

„Ehre die Eltern" heißt also in dieser Hinsicht nicht so sehr Gehorsam, sondern es geht vielmehr um Menschenwürde: Wenn die Eltern in ein Alter kommen, in denen es ihnen nicht mehr leicht fällt, ihre Würde zu bewahren, dann ist es Aufgabe der Kinder, ihnen dabei zu helfen und sie damit zu ehren. Bescheiden wie ich bin, möchte ich erwähnen, dass diese Interpretation von mir stammt.

Wie nach der Ehre wird in den Sprüchen der Väter auch nach der Macht gefragt: Wer ist ein mächtiger Held?

Darauf würden die meisten Menschen antworten: Jemand, der andere beherrscht, ist mächtig. Der Talmud aber antwortet darauf: Mächtig ist der, der *sich selbst* beherrschen kann. Andere zu beherrschen, andere in einem Kampf oder Krieg zu unterwerfen, ist natürlich auch ein Ausdruck von Macht. Aber das sind Dinge, die sich auch jederzeit gegen einen wenden können. Wer sich aber selbst beherrschen kann, wer etwas Böses tun will und dann doch sagt: „Nein, ich tue das nicht, ich beherrsche mich", der ist wahrhaft ein Held.

Die dritte Frage, die in den Sprüchen der Väter aufgeworfen wird, lautet: Wer ist reich? Da wir das Prinzip nun bereits kennen, wird uns die Antwort weniger überraschen als die beiden vorherigen Male: Reich ist nicht derjenige, der über ein großes Vermögen verfügt, sondern der, der mit dem zufrieden ist, was er hat.

Ein weiser Rabbiner erläutert dazu: „Ein gieriger Mensch ist nie zufrieden mit dem, was er hat. Hat er 1.000 Euro, dann will er noch 1.000 Euro. Hat er 10.000 Euro, will er noch 10.000, hat er 100.000 Euro, will er noch einmal 100.000, und hat er eine Million, dann will er noch eine." Also gerade noch einmal so viel, wie er schon hat.

Die Gier nach mehr spielt sich meistens in den Größenordnungen ab, die uns vertraut sind. Daran zeigt sich auch, dass die Unzufriedenheit potentiell umso größer wird, je mehr der Reichtum eines gierigen Menschen angewachsen ist: Besitzt ein Gieriger eine Million, dann fehlt ihm eine ganze Million auf das, was er gerne hätte.

Dem armen Schlucker dagegen fehlen nur zehn Euro zum Glück. Am besten aber geht es dem, der damit zufrieden ist, was ihm Gott gibt. Dem fehlt gar nichts, der ist reich.

Ich habe die Reihenfolge der vier Fragen ein wenig verändert und bringe die erste Frage als letztes, weil ich hier noch meinen Kren dazugeben möchte. Was würden wir antworten, wenn man uns fragt: „Wer ist weise?"

Wir würden vielleicht antworten, jemand, der einen hohen IQ besitzt und zusätzlich noch fleißig studiert hat. Der Talmud aber antwortet: Jener ist weise, der von allen bereit ist zu lernen. Das Judentum sagt also, es ist nicht genug, einfach nur Weisheit anzuhäufen, sondern wir müssen auch bereit sein, immer Neues zu lernen, und das sogar von jedem. Der eigentlich Weise ist nach dem Talmud also der Wissensdurstige.

Weiters heißt es im Talmud, dass man am meisten von seinen Schülern lernt. Denn die Schüler sind diejenigen, die dem Rabbi Fragen stellen. Dann muss auch ein weiser Rabbi erst darüber nachdenken, wie er auf diese Fragen antworten soll. Und dadurch vermehrt sich seine Weisheit weiter.

Ein besonders kluger Rabbi meinte außerdem einmal, dass man sogar vieles von einem Kleinkind lernen kann. Das fanden seine Schüler sehr merkwürdig und fragten ihn, wie das denn möglich sei.

Da antwortete der Rabbi: „Wenn ein kleines Kind zufrieden ist, lacht es, und man kann sehen, dass es zufrieden ist. Wenn es aber hinfällt und sich weh tut, dann weint es, und so kann man sehen, dass es ihm nicht so gut geht. Es versteckt seine Gefühle nicht, und deshalb kann man von einem kleinen Kind lernen, dass man sich so geben soll, wie man sich wirklich fühlt. Außerdem weinen kleine Kinder meistens nicht sehr lange, wenn sie hingefallen sind. Man kann also auch lernen, dass man sich nicht zu lange mit Schlechtem, das einem zugestoßen ist, beschäftigen, sondern bald wieder aufstehen und sich nicht unterkriegen lassen soll."

Das leuchtete den Schülern ein. Aber dass man wirklich von jedem etwas lernen kann, kam ihnen immer noch seltsam vor.

„Rabbi, wie kann das sein, dass ich von jedem etwas lernen kann?“, fragte einer der Schüler. „Ist damit vielleicht gemeint, dass ich zum Beispiel von einem Dieb lernen kann, was man nicht tun soll – nämlich stehlen?“

„Nein“, antwortete der Rabbi. „Auch von einem Dieb kannst du viel mehr lernen als nur, was du nicht tun sollst. Zum Beispiel steht ein Dieb sehr früh auf, wenn es draußen noch dunkel ist, um zu seiner ‚Arbeit‘ zu gehen, denn natürlich will er nicht, dass die Leute ihn sehen. Daraus kann man lernen, dass man nicht lange im Bett liegen soll, wenn man eine Arbeit hat, sondern gleich früh aufstehen und sein Tagwerk erledigen soll. Außerdem gibt ein Dieb meistens nicht so schnell auf. Wenn er sein Auge auf etwas geworfen hat, das er stehlen will, und es gelingt ihm beim ersten Mal nicht, dann lässt er sich nicht davon abschrecken, sondern versucht es immer wieder, bis er den gewünschten Gegenstand in seinem Besitz hat. Daraus können wir lernen, dass wir hartnäckig sein müssen und uns nicht entmutigen lassen dürfen, wenn wir Erfolg haben wollen. Drittens wird ein Dieb nicht herumspazieren und allen Leuten großspurig erzählen, wie erfolgreich er gewesen ist, wenn er gerade etwas gestohlen hat. Wir können also von einem Dieb lernen, dass wir andere Leute nicht durch Angeberei neidisch auf unsere Erfolge machen sollen. Viertens können wir von einem Dieb lernen, dass es manchmal gut und notwendig ist, mit anderen zusammenzuarbeiten, denn nicht jeder Diebstahl wird allein durchführbar sein und fünftens, dass, wenn wir mit anderen zusammengearbeitet haben, wir sie auch fair an der ‚Beute' beteiligen und nicht übervorteilen sollen – denn jeder Dieb weiß, dass es sich rächt, wenn man seine Komplizen übers Ohr haut. Und Sechstens können wir schließlich lernen, dass man seine Kollegen nicht verrät, auch wenn es einem selbst an den Kragen geht: Wir können von einem Dieb also auch lernen, dass wir solidarisch mit anderen sein sollen."

Da war der Schüler des klugen Rabbis sehr beeindruckt, denn er hatte verstanden, dass man wirklich von jedem etwas lernen kann, wie es in den Sprüchen der Väter richtig heißt.

Vermehrung

Es gibt lexikalische Aufzählungen, die alle Gebote und Verbote in der Tora auflisten, insgesamt sind es 613.

Am Anfang der Tora steht, dass Gott Adam und Eva aufforderte: „Seid fruchtbar und vermehret euch!" Dieses Gebot, das Vermehrungsgebot, ist also das erste.

Nun ist es aber ausgerechnet mit diesem Gebot schwieriger als mit vielen anderen. Das Gebot, koscher zu essen, oder jenes, den Schabbat einzuhalten, kann jeder befolgen, der das möchte. Aber ob es gelingt, sich zu vermehren, das ist niemandem garantiert.

Zunächst einmal könnte es ja sein, dass man niemanden zum Heiraten findet. Wobei es da eine sehr interessante rabbinische Auslegung des Vermehrungsgebotes gibt, die besagt, dass auch ein uneheliches Kind als Vermehrung des Vaters im Sinne der Tora gilt.

Die meisten frommen Juden versuchen aber, sich an das Ideal zu halten, eheliche Kinder zu zeugen, und zwar mindestens einen Sohn und eine Tochter. Wenn das gelingt, hat sich ein Paar zwar noch nicht direkt vermehrt, aber zumindest reproduziert, und das ist meistens die Mindestanforderung an die Erfüllung des Gebotes.

Natürlich kann es sehr lange dauern, bis man mindestens einen Buben und ein Mädchen gezeugt hat: Eine meiner Töchter hat inzwischen selbst fünf Töchter – und sie und ihr Mann machen weiter, weil sie auch mindestens einen Sohn haben wollen. Das Lustige ist, dass ihr Mann selbst einer von sieben Brüdern ist, ohne eine einzige Schwester. Vielleicht gleicht Gott also bei dessen Kindern den Überschuss an männlichem Nachwuchs aus, der da entstanden ist.

Als ich diesen meinen Schwiegersohn das erste Mal getroffen habe, war er noch Student in der Yeschiwa. Da habe ich ihn gefragt, was er später im Leben tun möchte. Er hat geantwortet, dass er weiter Tora lernen will. Unter frommen Juden ist es sehr üblich, bis zur Hochzeit die Tora zu studieren, aber wenn man heiratet, denkt man normalerweise doch auch ein bisschen ans Arbeiten.

Also habe ich ihn gefragt: „Wer wird dir dein Studium finanzieren?“

„Der liebe Gott wird uns schon helfen“, hat er mir darauf in sehr frommer Weise geantwortet.

Da habe ich meine Frau gerufen und gesagt: „Den nehmen wir! Der glaubt, ich bin der liebe Gott.“

Nun stellt sich aber die Frage: Was ist mit diesem ersten Gebot der Tora, dem Gebot der Vermehrung, wenn ein Ehepaar keine Kinder bekommen kann? Viele Juden werden natürlich sagen, dass dann eine künstliche Befruchtung oder eine Adoption Möglichkeiten sind.

Aber es gibt auch einen alten, etwas fundamentalistischen Brauch, der heute kaum mehr gelebt wird. Im Talmud heißt es nämlich an einer Stelle sinngemäß: Wenn ein Ehepaar zehn Jahre miteinander gelebt und versucht hat, ein Kind zu zeugen, und das nicht gelungen ist, dann sollte sich das Paar scheiden lassen.

In alten Zeiten konnte man natürlich die Ursachen für Kinderlosigkeit medizinisch nicht untersuchen, und so hoffte man darauf, dass vielleicht zumindest einer von beiden mit einem anderen Partner Nachwuchs würde zeugen können.

Zu diesem Gebot gibt es die folgende Geschichte: Ein Mann und eine Frau konnten zehn Jahre lang keine Kinder zeugen, waren aber beide sehr fromm und beschlossen daher, sich scheiden zu lassen, obwohl sie einander sehr liebten. Also einigten sie sich darauf, sich zu trennen, um das Gebot zu befolgen. Sie kauften von ihrem gemeinsamen Ersparten sogar eine zweite Wohnung, in die die Frau nach der Scheidung übersiedeln wollte. Am Tag der Scheidung sagte der Mann aber zu seiner Frau: „Als wir geheiratet haben, haben wir ein Fest gemacht. Und jetzt, wo wir uns scheiden lassen, sollten wir auch ein Fest machen, finde ich."

Das taten sie tatsächlich, und es wurde sogar ein ziemlich ausgelassenes Fest. Beide tranken ein bisschen über den Durst, und so kam es, dass sie irgendwann zu später Stunde etwas sentimental wurden.

Da sagte er: „Wir lassen uns doch nicht scheiden, weil wir uns nicht mehr mögen, sondern nur, weil wir das Gebot der Vermehrung erfüllen wollen. Ich will dir zeigen, dass ich dich immer noch schätze. Also nimm dir von unseren gemeinsamen Sachen das, was dir am allerliebsten ist, mit in deine neue Wohnung."

Als der Mann seinen Rausch ausgeschlafen hatte und am nächsten Tag erwachte, wunderte er sich sehr, dass er in einem fremden Bett lag. Und noch dazu lag seine Frau, von der er sich doch gerade hatte scheiden lassen, neben ihm!

„Wieso bin ich bei dir?", fragte der Mann.

„Du hast doch gesagt, ich darf das mit nach Hause nehmen, was mir das Liebste ist, und es gibt nichts, was ich so liebe wie dich", antwortete die Frau.

Ein Jahr später waren sie längst wieder verheiratet und hatten doch noch ein Kind bekommen.

In biblischen Zeiten war es mit der Vermehrung auch nicht immer so einfach. Als die Israeliten noch in Ägypten unterdrückt wurden, war der Pharao natürlich darauf aus, sie nach Möglichkeit zu dezimieren. Daher mussten die jüdischen Männer dort schlafen, wo sie auch arbeiteten. So konnten sie am Abend nicht nach Hause zu ihren Frauen gehen, quasi eine Art staatliche Empfängnisverhütung.

Allerdings durften die Frauen den Männern Essen in die Arbeit bringen, das war erlaubt. Danach aber mussten sie wieder nach Hause gehen. Der Pharao glaubte so, die Möglichkeiten zur Fortpflanzung des jüdischen Volkes stark eingeschränkt zu haben, waren die Männer meist ja auch untertags von der schweren körperlichen Arbeit sehr ermattet.

Die jüdischen Frauen aber dachten sich etwas aus. Sie richteten sich mithilfe ihrer Kupferspiegel nicht nur schön her, sondern sie machten mit diesen Kupferspiegeln auch noch antike „Selfies" von sich (woran man erkennen kann, dass es nichts wirklich Neues unter der Sonne gibt). Dazu setzten sie sich in der Mittagspause neben ihre Männer und hielten die Spiegel so, dass die Männer nicht nur ihre schönen Frauen, sondern *sich selbst mit der schönen Frau* im Spiegel sahen. Das steigerte ihren Appetit, Ermattung hin oder her. Und so wurden die Juden auch in Ägypten doch mit Kindern gesegnet.

Als später für den Tempel von Jerusalem gespendet werden sollte, da wollten auch die Frauen etwas beitragen und spendeten deshalb alle ihre Kupferspiegel an Moses, der ein Waschbecken daraus machen lassen sollte. Denn wir Juden haben mit den Moslems gemeinsam, dass wir uns vor dem Gang ins Gotteshaus gründlich Hände und/oder Füße waschen sollen, und dafür sollte dieses Kupferwachbecken dienen.

Moses aber wies das Geschenk der Frauen zurück. Er wusste ja, wozu die Spiegel ursprünglich gedient hatten, und fand es zu frivol, einen Gegenstand für den Tempel daraus herzustellen.

„Ich möchte nicht, dass diese ‚schmutzigen' Spiegel ein Teil jenes Gerätes werden, mit dem wir uns reinigen", sagte er.

Aber jetzt kommt's. Der liebe Gott erschien Moses nämlich und sagte zu ihm sinngemäß: „Nimm die Spiegel. Denn was diese Frauen da gemacht haben, war ja kein frivoler Akt, sondern sie haben mithilfe der Spiegel dafür gesorgt, dass jüdische Kinder gezeugt werden."

Ich finde, das ist eine tolle Geschichte. Denn auch wenn Moses sicher nicht blöd war, in diesem Falle hat er nicht richtig durchgeblickt.

Zur erfolgreichen Vermehrung gehört natürlich auch die Geburt. Meine Frau hat mir schon beim ersten Kind (wir haben insgesamt sechs) klargemacht, dass ich bei der Geburt dabei zu sein habe. Das ist inzwischen 40 Jahre her. Aber ich weiß noch genau, dass ich damals gedacht habe: „Das gibt's doch nicht, was mache ich denn bei einer Geburt?"

Meiner Frau war das aber noch nicht genug. Sie wollte auch, dass ich mit ihr einen Geburtsvorbereitungskurs besuche. Natürlich habe ich auch das für sie gemacht. Nach zwei, drei Kurseinheiten fragten die Kursleiter: „Wann kommt denn das Baby?"

Und ich, weil ich schon ganz engagiert war, antwortete: „*Wir* bekommen das Baby in zwei Monaten."

Da haben alle gelacht, weil ich am Anfang wohl noch ziemlich gefremdelt, mich aber bald so damit identifiziert habe, als würde ich das Kind mitgebären müssen.

Bei der Geburt unseres sechsten Kindes passierte dann etwas Interessantes. Meine Frau bekam die Wehen, wir sind gemeinsam ins Spital gefahren – so weit, so vertraut. Aber dann bekam ich im Spital einen Anruf: Jemand war gestorben, und es gab ein Begräbnis, auf dem ich sprechen sollte.

Ich erklärte dem Anrufer, dass ich unmöglich kommen könne, weil meine Frau gerade in den Wehen lag.

„Kein Problem", sagte der, „das Begräbnis ist ja erst morgen."

„Morgen? Natürlich, morgen kann ich kommen", versprach ich in der Annahme, dass das Baby in den nächsten paar Stunden da sein würde.

Plötzlich aber, Absicht oder Zufall, hörten die Wehen meiner Frau wieder auf. Ich dachte mir noch nicht besonders viel dabei. Aber als die Wehen ausgerechnet zwei Stunden, bevor das Begräbnis angesetzt war, wieder begannen, wurde mir klar, dass ich in Schwierigkeiten steckte.

„Ich muss jetzt zu dem Begräbnis. Behalte das Baby noch zwei Stunden drinnen, dann bin ich wieder da", sagte ich zu meiner Frau.

Worauf sie laut und deutlich antwortete: „Mit wem wirst du den Rest deines Lebens verheiratet sein? Mit dem Angehörigen des Verstorbenen oder mit mir?"

Ein überzeugendes Argument. Ich rief an und sagte das Begräbnis ab. Unser sechstes Kind kam genau zu der Uhrzeit auf die Welt, zu der das Begräbnis angesetzt war. Natürlich war die trauernde Familie böse auf mich, weil ich am Tag zuvor versprochen hatte, sicher zu kommen. Aber meine Frau war nicht böse auf mich, und das war viel wichtiger.

V

W

Weisheit

Ein reicher Jude ging sehr oft mit seinem Oberdiener auf Geschäftsreise. Einmal hatte er sehr viel verdient, während zu Hause nur mehr wenig Geld war. Da wurde er plötzlich krank und fühlte, dass seine letzte Stunde gekommen war. Er rief den Diener zu sich und sagte: „Du warst immer ein sehr loyaler Diener. Ich werde diese Welt bald verlassen und möchte dir einen Auftrag geben. Gib meiner Frau von meinem Geld, so viel du willst, und den Rest kannst du dir behalten."

Kurz danach starb der Mann und der Diener brachte der Frau zwei traurige Nachrichten. Erstens, dass ihr Mann gestorben war (das war wahrscheinlich die traurigere), und zweitens, dass der Verstorbene gesagt habe, dass er, der Diener, 90 Prozent des Geldes behalten könne und die Frau nur 10 Prozent bekomme.

Die Frau konnte das nicht glauben, ging zum Rabbi, erzählte ihm die Geschichte und bat ihn, den Diener zu einer Din Tora (Gerichtsverhandlung) vorzuladen. Dieser kam und wurde gebeten, die letzten Stunden des reichen Mannes genau zu schildern. Er sagte: „Ich bleibe dabei: Mein Herr hat zu mir gesagt:

W

‚Gib meiner Frau von meinem Geld, so viel du willst, und den Rest kannst du dir behalten‘.“

Da sagte der Rabbiner: „Der Fall ist klar: Die Frau bekommt 90 Prozent und du, weil du ein braver Diener warst, 10 Prozent.“

Darauf protestierte der Diener und sagte: „Aber das ist nicht das, was mein Herr wollte!“

„Doch!“, sagte der Rabbiner. „Er sagte doch: Gib meiner Frau *so viel wie DU willst*! Also gib ihr die 90 Prozent, die du wolltest, und den Rest kannst du dir behalten.“

Oft arbeiteten im Hause eines Rabbis (aber auch bei anderen Juden) arme Witwen oder Waisen als Hausgehilfinnen, damit sie nicht auf Almosen angewiesen waren und alleine ihren Unterhalt verdienen konnten. Das Gehalt war sicherlich nicht fürstlich, aber sie konnten davon leben.

Einmal ließ ein solches armes Mädchen im Hause des Rabbiners eine teure Vase fallen, die zerbrach. Da war die Frau des Rabbiners sehr böse und sagte zu dem Mädchen, dass es den Wert dieser Vase von seinem eigenen Geld bezahlen müsse. Das arme Mädchen weinte, weil es sich das von seinem kargen Gehalt nicht leisten konnte. Die Frau Rabbiner aber bestand auf ihrer Meinung: „Wenn du nicht freiwillig zahlst, dann gehen wir morgen eben zum Rabbinatsgericht, die werden schon entscheiden, dass du zahlen musst!“

Am nächsten Morgen weinte das Mädchen noch immer, aber es traute sich nicht, der Verhandlung fernzubleiben. Als sie losgingen, sah die Frau Rabbiner, wie ihr Mann ebenfalls seinen Mantel anzog, um sie zu begleiten. Sie sagte zu ihm: „Du musst nicht mitkommen, mit der werde ich schon fertig."

Da antwortete der Rabbi: „Ich komme nicht mit, um dir zu helfen. Ich komme mit, um ihr beizustehen!"

Witzige Anekdoten

Was ist ein jüdischer und was ein antisemitischer Witz? Das ist manchmal gar nicht so leicht zu entscheiden. Man könnte es aber so versuchen: Wenn ein Witz darauf abzielt zu behaupten, dass *alle Juden* diese oder jene Eigenschaft besitzen, dann geht das in Richtung Antisemitismus. Das trifft übrigens auch auf die vermeintlichen Philosemiten zu, die uns Juden angeblich ganz besonders gern haben. „Ihr Juden, ihr seid so wunderbar geschäftstüchtig " – so ein Kompliment ist vielleicht gut gemeint (meistens eher nicht), es ist aber auch mindestens so antisemitisch wie ein schlechter Witz.

Glücklicherweise gibt es zu genau diesem Thema aber einen recht guten Witz: Da fährt nämlich ein Jude mit einem Christen im selben Zugabteil, und der Christ sagt zu ihm: „Ich bewundere euch Juden, ihr seid immer so klug – woher kommt denn das eigentlich?"

Der Jude ist gerade dabei, sein Mittagessen auszupacken, das sind zwei, drei Heringe, und also antwortet er: „Das ist sehr einfach. Wir werden so klug, weil wir Heringsköpfe essen."

„Oh“, sagt der Christ ganz aufgeregt, „könntest du mir dann nicht den einen oder anderen Heringskopf abgeben?“

Der Jude nickt, schneidet mit dem Taschenmesser die Heringsköpfe ab, isst seine Heringsschwänze mit Brot und sagt: „Jeder Kopf kostet fünf Euro.“

Das erscheint dem Christen ein geringer Preis für die viel gelobte jüdische Weisheit zu sein. Also kramt er das Geld aus seiner Tasche, bezahlt den Juden und schlingt die Heringsköpfe hinunter. Eine Zeit lang sitzen die beiden einander kauend gegenüber, bis der Christ, der Schwierigkeiten hat, die ungenießbaren Köpfe hinunterzuwürgen, mit vollem Mund murmelt: „Eigentlich ist das komisch. Die Heringe müssen ja als Ganzes weniger gekostet haben als die Köpfe, die du mir gerade verkauft hast.“

Da sagt der Jude zufrieden: „Siehst du: es wirkt schon.“

Ist das jetzt also ein jüdischer, ein antisemitischer oder gar ein antichristlicher Witz, weil der Christ in der Geschichte ja am schlechtesten wegkommt? In jedem Fall ist es, so meine ich, *kein* schlechter Witz. Und ich persönlich nehme mir das Recht heraus, jeden guten Witz zu erzählen, weil ich Witze liebevoll erzähle und weil ich als Oberrabbiner die Schwächen von uns Juden ebenso gut kenne wie unsere Stärken – und die Schwächen der anderen kenne ich sowieso.

Ja, auch das ist ein Merkmal: Antisemitische Witze sind – wie alle Witze, bei denen es nur darum geht, eine Gruppe in schlechtem Licht erscheinen zu lassen

– zumeist nicht sehr gut. Nun würde das aber natürlich heißen, dass man Humor haben müsste, um jüdische von antisemitischen Witzen zu unterscheiden, und das ist von manchen Leuten sicher ein bisschen viel verlangt.

Wie Sie sehen, ist es nicht so einfach, und es wird uns daher kaum etwas anderes übrig bleiben, als uns an dieser Stelle ein weiteres Beispiel zu Gemüte zu führen. Lachen Sie aber nicht an den falschen Stellen, vielleicht beobachte ich Sie ja! Und lachen Sie nicht zu wenig, sonst bin ich womöglich beleidigt!

Wie selbstkritisch ich sein kann, wenn ich möchte, vermag zum Beispiel der folgende Witz über einen Rabbiner zu verdeutlichen. Der war bei einer Gemeindesitzung am Schabbat nämlich schon sehr müde, nachdem er gesungen und Tora gelernt hatte, und nickte deshalb mitten in der Sitzung ein wenig ein. Seine Chassidim bemerkten das natürlich, wollten ihn aber nicht wecken und sprachen stattdessen darüber, was für ein toller Rabbiner er sei, welch lehrreiche Geschichten er immer erzähle, wie geübt er im Deuten der Tora sei und dazu auch noch herrlich singen und vorbeten könne.

So ging das eine ganze Weile, bis der Rabbi kurz aus seinem Schlummer erwachte, ein Auge öffnete und sagte: „Und bescheiden ist er auch …", bevor er gleich wieder einnickte.

Mir könnte so etwas natürlich nicht passieren – meine Gemeindemitglieder haben keine so hohe Meinung von mir.

X

Xperte

Nun ein kleines Rätsel für Sie: Da ist einmal ein Mann mit einer wertvoll aussehenden Münze zu einem Münzexperten gegangen und hat den Fachmann gebeten, den Wert der Münze zu schätzen. Der Experte aber irrte sich und gab dem Mann eine völlig falsche Auskunft über den Wert seiner Münze. Davor hatte der Mann aber schon einen seiner Bekannten gefragt, was der von der Münze halte und auf welchen Wert er sie schätzen würde. Auch dieser Bekannte des Münzbesitzers hatte eine Schätzung abgegeben – und auch die war falsch gewesen.

Nun fragt uns der Talmud: Wessen Irrtum wiegt schwerer? Der des Fachmannes oder der des Laien?

Lassen Sie mich raten, Sie haben auf den Experten getippt, denn dieser hätte es doch besser wissen müssen, oder? Der Talmud aber gibt uns die umgekehrte Antwort, und sie ist sehr lehrreich. Die Schätzung des Fachmannes war keine Anmaßung. Denn der, dessen Beruf es ist zu schätzen, ist auch nur ein Mensch und kann sich einmal irren, solange er nach bestem Wissen geschätzt hat.

Der Laie dagegen hätte die Münze gar nicht erst schätzen dürfen! Denn er hat von Münzen keine

Ahnung und sich damit etwas angemaßt, was ihm überhaupt nicht zusteht.

Y

Yeschiwa

Eine Yeschiwa ist eine jüdische Hochschule, an der Studenten die Tora und den Talmud studieren können. Man kann sie auf Deutsch ebensogut Jeschiwa mit J schreiben, aber was hätte ich dann in meinem ABC des Glücks und der Weisheit unter Y gebracht? Eben.

Das erste, was die Studenten in der Yeschiwa über den Talmud lernen, ist, dass jeder Talmud auf der ganzen Welt mit dem gleichen Seitenspiegel gedruckt ist. Das bedeutet, was in jedem beliebigen Talmud auf Seite 17 in der Mitte im Traktat zum Schabbat steht, das steht auch in jedem anderen Talmud auf der Seite 17 in der Mitte. So kann jeder Jude auf der ganzen Welt in jeder Yeschiwa seinen Talmud immer gleich auf der richtigen Seite aufschlagen, wenn er etwas sucht.

Mit der jüdischen Bibel ist es ein wenig anders. An jedem Schabbat wird auf der ganzen Welt die gleiche Bibelstelle gelesen. Beim Talmud dagegen ist das ganz frei, die Studenten können zu jeder Zeit jede Stelle studieren und der einheitliche Seitenspiegel hilft uns, dabei nicht durcheinanderzukommen.

Allerdings wählt jede Yeschiwa für jedes Jahr ein bestimmtes Gebiet des Talmud, das sie besonders intensiv studieren möchte. Dabei gibt es zwei Arten des Lernens, das tiefe und das breite Lernen. Normalerweise wird jeden Tag eine Stunde breit und eine Stunde tief gelernt. In der Breite liest man dann im Laufe eines ganzen Jahres vielleicht an die 100 Seiten über den Schabbat. Beim Tiefenstudium sind es zum selben Thema vielleicht nur zehn Seiten, die man in einem Jahr schafft. Dafür aber, wie der Name schon sagt, viel genauer.

Yeschiwas sind unter anderem dazu da, Rabbiner auszubilden, für diese ist das tiefe Lernen natürlich besonders wichtig. Für die anderen Studenten, die nicht Rabbiner werden wollen, hat das breite Lernen vielleicht die größere Bedeutung.

Vor rund 100 Jahren hatte dann ein Rosch Yeschiwa, der Leiter der Yeschiwa aus Lublin, eine Idee. Er dachte sich: „Eigentlich blöd, dass zwei fromme Juden, die einander zum Beispiel auf einer Zugfahrt begegnen, meistens nicht miteinander über die Stelle im Talmud reden können, die sie gerade studieren. Denn wenn sie nicht dieselbe Yeschiwa besuchen, dann müsste es schon ein großer Zufall sein, wenn sie sich gerade mit demselben Thema beschäftigen würden."

Deshalb erfand er einen täglichen Kalender, mit dem auch einfache fromme Menschen, unabhängig von einer Yeschiwa, einen Plan dafür hatten, welche Stelle des Talmud an welchem Tag studiert werden sollte. Das war natürlich nicht als Pflicht gedacht, sondern nur als Einladung: Wer mitmachen will, macht mit, und lernt am 14. September 2019 Seite vier im Traktat Rosh Hashanah, am nächsten Tag dann die Seite fünf.

Der Talmud hat ein wenig mehr als 2.000 Blätter, also etwa 4.000 Seiten. Um 2.000 Blätter zu lernen, braucht man circa sechs bis sieben Jahre. Der Kalender des Rebbe von Lublin, auch Daf Hajomi, tägliches Talmudblatt, genannt, wurde in die ganze Welt geschickt, und wer wollte, lernte nach diesem Programm.

Dem heutigen Fortschritt entsprechend gibt es jetzt schon eine App, die dir jeden Tag mitteilt, welche Seite heute gelernt wird. In manchen Handys ist sogar der ganze Talmud gespeichert. So muss man auf eine Reise den schweren papierenen Talmud nicht mehr mitnehmen, sondern kann ihn im Handy studieren – wenn man gute Augen hat.

In den ersten sechs Jahren nach Fertigstellung des Kalenders vor circa 100 Jahren waren es kaum 1.000 polnische Juden, die den Vorschlag freiwillig aufnahmen und den Talmud nach dem Kalender des Rebbe studierten. Im zweiten Durchgang waren es bereits 7.000 Juden.

Und heute? Inzwischen sind es etwa eine halbe Million Juden, die sich in ihrem privaten Studium an den Talmud-Kalender des Rabbi Meir von Lublin halten. Alle sechs Jahre, wenn ein Studienkreis zu Ende gegangen ist, gibt es immer mehrere riesige freudige Versammlungen und Feste, bei denen sich alle Anhänger des Studierkalenders treffen, die natürlich in der ganzen Welt verstreut leben, aber durch ihr tägliches Studium verbunden sind. Dafür wird dann in New York der Madison Square Garden oder in Israel ein großes Stadion angemietet. Bei so einer

Veranstaltung sind dann leicht einmal mehr als 50.000 Menschen an einem Ort zur Feier versammelt. Es soll sehr eindrucksvoll sein.

Leider habe ich den Kalender zwar immer wieder begonnen, aber es nie geschafft, sechs Jahre lang durchzuhalten.

Y

Z

36 Zadikim

Zum guten Ende:

Ich war immer ein Optimist, aber wenn ich mir die heutige Welt mit allen Kriegen, Zwistigkeiten, Terroranschlägen und anderen Grausamkeiten ansehe, könnte man zu der Meinung gelangen, dass eine solche Welt keinen Bestand haben kann. Eine solche Situation wird auch in der Bibel beschrieben:

Damals waren die Erdbewohner verderbt, und der Ewige beschloss, sie durch eine Sintflut zu vernichten. Nur der Gerechte Noah und seine Familie sowie die Urahnen der heutigen Tiere wurden gerettet. Wenn man also nicht nur den Gerechten, sondern auch die kaputte Welt retten will – außer denen, die sich von alleine vernichten – braucht man mehr als nur diesen einen Gerechten.

Im Hebräischen wird ein guter und anständiger Mensch Zadik genannt und es gibt eine kabbalistische Vorstellung, dass unsere Welt heute noch immer besteht, weil es in allen Generationen 36 Gerechte gegeben hat.

Doch wer sind diese 36 Gerechten?

Sie müssen besonders gute Männer oder Frauen sein, die durch ihre Verdienste auch andere mit ins „Rettungsboot" bringen. Woran aber soll man sie erkennen?

Sind es vielleicht die Friedensnobelpreisträger? Die Kabbala bestimmt, dass neben anderen guten Eigenschaften das Hauptkriterium, um einer der 36 Gerechten zu sein, ist, dass man selbst es nicht weiß.

An einer anderen Stelle heißt es, dass dem lieben Gott ein „Schlimmer“, der weiß, dass er schlimm ist, lieber ist, als ein „Braver“, der weiß, dass er brav ist.

Zur Zahl 36 ist noch zu sagen, dass das auch die Anzahl der Lichter ist, die man am Hanukkah-Fest entzündet. Vielleicht erinnern sich meine treuen Leserinnen und Leser: Am Hanukkah-Leuchter wird am ersten Abend eine Kerze entzündet, am zweiten zwei und so weiter, bis man am achten Abend acht entzündet. Zählt man das zusammen, dann kommt man auf die Zahl 36.

Nicht nur der Gerechte darf aber nicht wissen, dass er einer der 36 ist, sondern auch kein anderer Mensch kennt alle 36 Gerechten. Es ist aber denkbar, dass ein besonderes Ereignis dazu führt, dass ein Mensch den einen oder anderen dieser Gerechten identifiziert oder glaubt, erkannt zu haben.

Ich habe zum Ende meines Buches beschlossen, alle meine Leserinnen und Leser, die mir bis hierher treu geblieben sind, zu gerechten Menschen zu erklären. Weil ich aber hoffe, dass es mehr als 36 sind, entwerfe ich hiermit eine neue Kategorie gerechter Menschen: Das sind jene Menschen, die mein Buch zu Ende gelesen und daraufhin beschlossen haben, liebevoller und besser als bisher zu leben.

Übrigens soll es vorkommen, dass ein Rabbiner nicht nur Freunde hat. So ging es auch einem Rabbiner, den ich unter die 36 Zadikim zählen würde, wovon er aber natürlich nichts weiß. Er war nie feindselig, hatte aber dennoch einen Gegner, der ihm böse gesonnen war. Immer, wenn dieser Gerechte die Synagoge betrat, kam ihm sein Feind entgegen und sagte etwas Unfreundliches, manchmal auch sehr Grobes zu ihm.

Der Zadik aber war zu edel, um zu antworten, und ging nur an ihm vorbei, ohne ihn eines Blickes zu würdigen. Das provozierte den Mann noch mehr und er steigerte seine Angriffe. Noch immer reagierte der Rabbi nicht, er schaute nur manchmal böse auf diesen Mann, obwohl er ihm im Herzen immer sofort verzieh.

Einmal kam der Rabbi in die Synagoge, schaute seinen Aggressor an, und plötzlich begann dieser zu weinen und sich beim Rabbi zu entschuldigen. Nach dem Gottesdienst fragten einige Anhänger des Rabbi, wieso sich der Mann heute so anders verhalten hatte.

Der Rabbi antwortete: „Lange habe ich darüber nachgedacht, wie ich mir diesen Feind zum Freund machen könnte. Heute früh habe ich in der Tora gelernt, dass jemand, wenn er einen anderen sehr lieb hat, diese Liebe auf den anderen übertragen kann. Und so beschloss ich, ihn voller Liebe anzublicken, wenn er mir entgegenkommt. Wie ihr seht, hat es gewirkt."

Wahrscheinlich ist er also wirklich einer der 36 Gerechten.

Thank you for reading!

Liebe Leserin, lieber Leser!

Hat Ihnen dieses Buch gefallen?
Wollen Sie weitere Informationen zum Thema?
Möchten Sie mit dem Autor in Kontakt treten?
Wir freuen uns auf Austausch und Anregung!

Christian Brandstätter Verlag GmbH & Co KG
Wickenburggasse 26
1080 Wien
E-Mail: leserbrief@brandstaetterverlag.com
Tel: (0043) 1 5121543256

#abcvomglueck
#aufdasleben
#paulchaimeisenberg

Wir sagen Danke.
Bleiben wir in Verbindung!

1. Auflage

Designed in Austria, printed in the EU.

ISBN 978-3-7106-0334-1

Coverdesign: Peter Manfredini
Coverfoto: Ingo Pertramer
Satz: Burghard List
Redaktion: Anatol Vitouch
Korrektorat: Anna Morawetz
Projektleitung Brandstätter Verlag: Ulli Steinwender